W0287716

ÉDITOR

Une équipe soudée, des fourmis à l'œuvre et, tous les trois mois, un petit miracle… avant de tout recommencer. Depuis dix ans, journalistes et dessinateurs rendent possible la folle aventure de *La Revue Dessinée*, démarrée avec peu d'argent et beaucoup d'audace. Dix ans déjà ! Et fabriquer ce trimestriel qui ne ressemble à aucun autre reste un défi : à la fois collectif et artisanal, joyeux et rigoureux, foutraque et singulier, impossible à standardiser. Au fil des numéros, la Revue a vu défiler dans ses pages les regards, les idées et le talent de près de 300 signatures. Cette revue est la leur. Elle est la vôtre aussi : c'est à nos lectrices et à nos lecteurs que nous devons d'avoir tenu dix ans en toute indépendance. Une richesse rare, qui permet de porter une voix unique dans le débat public. Dix ans, et ce n'est qu'un commencement. *La Revue Dessinée* va continuer de raconter, décrypter, éclairer le monde tel qu'il est. Et lui redonner des couleurs, grâce à la bande dessinée.

À LA UNE

86

PRISON

LA LOI DU PLUS FORT

Derrière les barreaux, la violence contamine tout le monde. Celle que les surveillants exercent sur les détenus demeure souvent impunie.

CHRONIQUES

38 ◆ LA REVUE DES CINÉS
L'Effrontée

44 ◆ INSTANTANÉ
Surprise ratée

76 ◆ EFFET DOMINO
Trottinettes électriques

82 ◆ LA SÉMANTIQUE C'EST ÉLASTIQUE
La négation

124 ◆ MI-TEMPS
Aviron

160 ◆ FACE B
George Clinton

190 ◆ RETOUR SUR
AgroParisTech

enquêtes

12
SURVEILLANCE AU TRAVAIL
La confiance règne
Logiciels espions et objets connectés contrôlent les salariés.

130
ÉNERGIE
Chauffe qui peut
La rénovation thermique des logements prend l'eau.

166
JOURNALISTES
Sous la menace
Enquêter sur l'agroindustrie est un sport de combat.

46
BIODIVERSITÉ
VOYAGE VOYAGE
Avec l'accélération des échanges, végétaux et animaux se déplacent de plus en plus vite, à la conquête de nouveaux territoires sans prédateurs ni concurrents. Mais ces espèces « envahissantes » sont-elles pour autant menaçantes ?

6
AU PIED DE LA LETTRE
Spécial 10 ans !

206
AUTEURS • AUTRICES

AU PIED DE LA LETTRE

Spécial 10 ans. Fidèles depuis notre premier numéro paru en septembre 2013 ou convertis de fraîche date, vous êtes nombreux à avoir répondu à notre appel à témoignages. Vos messages nous sont allés droit au cœur.

DE LA COLÈRE À L'ACTION

Le sujet « En arrière toutes » (numéro #34) m'a beaucoup marqué, choqué même, par la démonstration d'à quel point les extrémistes chrétiens étaient organisés et financés pour faire avancer leur agenda rétrograde, à savoir faire reculer les droits des femmes, IVG en premier. J'en ai fait une sculpture, que je voulais vendre pour faire don de son prix au planning familial. J'en ai parlé audit planning familial, ai rencontré ses employées, et à la fin de l'entretien, l'une d'elles m'a demandé pourquoi je ne deviendrais pas bénévole… Ce que j'ai fait depuis. C'était le déclic dont j'avais besoin pour passer des idées à l'engagement féministe militant, dont l'origine est donc ce sujet d'Audrey Lebel et d'Aurore Petit. On peut dire que cela a changé ma vie :) Seren

FACE B FAN CLUB

Une spéciale dédicace aux chroniques musique d'Arnaud Le Gouëfflec et Nicolas Moog, c'est toujours un régal ! Nathalie

UNE UNION QUI DURE

En guise de cadeau de mariage, en 2014, ma sœur documentaliste nous a offert un abonnement d'un an à *La Revue Dessinée.* Une belle surprise. Neuf ans après cet engagement, notre amour reste toujours aussi fort : pour notre union amoureuse bien sûr, mais aussi pour cette revue formidable ! Espérons que ces sentiments seront toujours d'actualité pour nos noces d'or, dans quarante ans… PH

SUITE LOGIQUE

J'ai été biberonné à *Pilote*, j'ai suivi Cabu dans *Hara-Kiri* et *Charlie*, j'ai mûri en lisant *À suivre* et j'ai naturellement adopté *La Revue Dessinée*. Parmi tous les reportages, je retiens « Sur la plage empoisonnée », d'Inès Léraud et Pierre Van Hove, paru dans le numéro #17. Derrière un titre qui m'a fait penser à la douceur des plages méditerranéennes, j'ai retrouvé l'horreur des pauvres plages bretonnes que j'aime fréquenter et que j'ai vues se dégrader. J'ai suivi et soutenu Inès Léraud, menacée depuis. Longue vie à *La Revue* !
Bernard

À TOUR DE RÔLE

L'ouverture de la boîte aux lettres, la lecture de la couverture en entrant dans la maison, pour enfin la délivrance du « livre » de son emballage ! Nous ne tardons jamais à lire son contenu, chacun notre tour... Tous les sujets nourrissent discussions et débats. *La Revue Dessinée* nous apporte ce qui est nécessaire, avec reportages et documentaires. Sur l'étagère dédiée, il arrive bien sûr d'y revenir : on ne sait jamais, une info qui nous aurait échappé...
Lionel et Delphine

SÉDUIT AU PREMIER DESSIN

Abonné de la première heure, un sujet du numéro #03 m'est toujours resté en tête : celui sur la guillotine, où le dessin de Rica m'avait époustouflé. Un grand merci à vous, aux rédacteur·rice·s, aux dessinateur·rice·s, pour ces merveilleux moments offerts durant ces dix années, et j'espère pour encore longtemps :) **Mathieu**

PLAISIR DE LIRE

C'est en fouinant dans une librairie que je suis tombé sur le numéro #03. Les dessins correspondaient au style que j'aime : un graphisme simple et élégant, lisible et efficace, avec un trait plein de vie. La bande dessinée permet une reconstitution des évènements qui me paraît honnête car elle ne cache rien au lecteur de l'évidente subjectivité des auteurs. Je prends du plaisir grâce au dessin, au scénario, et j'en retire de l'information. Le format, le papier, le nombre de pages optimisent la quantité de lecture pour un prix modique. J'en ai pour mon argent !
Jacques

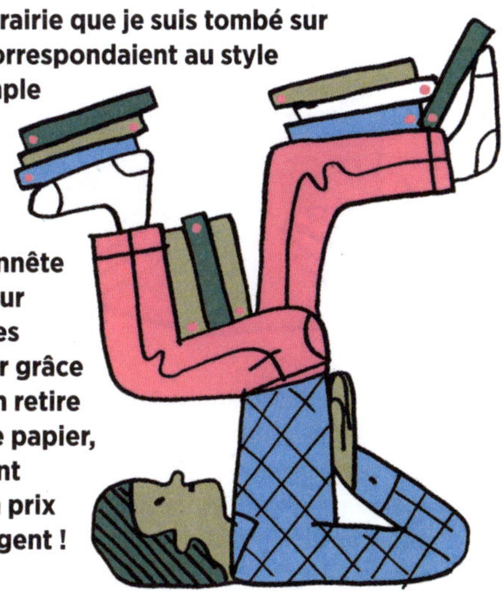

DESSINS : AURORE PETIT

J'étais sceptique…

J'ai appris l'existence de *La Revue Dessinée* dans le journal *Le Monde,* lors de la sortie de l'album *Cher pays de notre enfance,* d'Étienne Davodeau et Benoît Collombat. Ce livre prolongeait un sujet publié dans le numéro #05 de *La Revue Dessinée*. J'étais alors sceptique sur le traitement de l'actualité par la bande dessinée. Cela m'a tellement plu que je me suis procuré les quatre premiers numéros. Et depuis, j'achète tous les autres, dans une librairie indépendante. Je n'ai jamais été déçu, j'ai appris énormément de choses, malheureusement pas toujours bonnes… mais à savoir néanmoins. Je vous souhaite une très longue vie. **Marc**

Déco d'intérieur

J'aime votre idée de traiter l'actualité en bande dessinée, car je ne me serais jamais intéressée à tous ces sujets s'ils avaient été traités avec uniquement du texte. Et grâce à vous, j'ai une jolie décoration d'appartement, car de nombreux ex-libris de *La Revue Dessinée* sont affichés chez moi. **Mariette**

Changement de régime

Je tenais à vous exprimer toute l'affection et la reconnaissance que je porte à votre merveilleuse revue. Une anecdote illustre l'impact exceptionnel qu'elle a eu dans ma vie. Depuis plusieurs années, je me questionnais sur ma consommation de viande. Le déclic est arrivé lorsque j'ai lu l'enquête « Abattoirs : Comme des bêtes » de Geoffrey Le Guilcher, sublimement illustrée par Ivan Brun (numéro #19). Ce fut un véritable coup de poing ! Le témoignage ahurissant, l'impact social sur les travailleurs, le respect bafoué du bien-être animal. À cela s'est ajouté le trait saisissant du dessin qui m'a ébranlé et ému. C'est ainsi que j'ai franchi le pas : je suis devenu végétarien en 2017. C'est grâce à *La Revue* et particulièrement à cette enquête que j'ai opéré des changements drastiques dans ma vie de citoyen. J'en profite pour féliciter et remercier toutes les équipes de la rédaction. Vous avez su donner vie à un projet unique qui touche les cœurs et éveille les consciences. **Guillaume**

Un parfum de *Pif*

Je suis une abonnée de la première heure, il me manque juste la première année… J'aime à retrouver les chroniques, cela me rappelle les *Pif* de mon enfance. J'aime à découvrir des auteurs. Est-ce qu'on pourrait y retrouver un feuilleton ? Pour attendre avec impatience la suite, chaque trimestre ? Merci pour tout ! **Elsa**

Le sens des priorités

Le premier numéro de *La Revue Dessinée* est sorti le jour de notre mariage. Le matin, alors que je devais préparer des millions de choses pour une belle fête, je me suis arrêtée partout pour chercher ce premier numéro… La journée était belle et porteuse d'espoir : je savais déjà que la revue qui m'accompagnerait pour toujours venait de sortir, je savais qu'on allait signer pour longtemps ensemble :) Dix ans plus tard, je suis toujours abonnée, ambassadrice de *La Revue Dessinée* autour de moi, je m'informe, creuse et découvre. Bravo et merci ! **Félicie**

Parler à nos imaginaires

C'est ma compagne qui m'a offert un abonnement annuel à *La Revue Dessinée* à Noël 2022. J'ai tout de suite accroché et suis resté marqué par les planches sur l'addiction aux jeux en ligne qui touchent les populations les plus précaires (numéro #38). Toutes les histoires sont bien illustrées et parlent différemment à nos imaginaires et consciences. Je suis convaincu que l'adage « une image vaut mille mots » s'applique parfaitement à votre revue et sa démarche citoyenne. Merci à vous pour vos projets et créations. **Loïc**

En liberté

Ce qui m'attire, c'est la diversité des contenus, tous les sujets de société sont abordés, les narrateurs et dessinateurs prennent le temps de se les approprier pour les transformer en road-movie captivant. La liberté de ton est totale, au service des sujets traités, ce qui devient rare. Les rubriques récurrentes sur les sujets culturels sont bien senties, c'est du savoir en vignettes et ça fait du bien ! **Laurent**

Agenda

4-8 octobre, Blois.
La Revue Dessinée sera aux **Rendez-vous de l'Histoire.** Venez rencontrer nos équipes et découvrir toutes nos publications à notre stand, au salon du livre du festival.

27-29 octobre, Saint-Malo.
Nous serons présents au festival **Quai des bulles.** Au programme : exposition autour de nos 10 ans, conférences, et notre stand pour retrouver nos derniers livres et rencontrer l'équipe.

Pour nous suivre et nous contacter
contact@larevuedessinee.fr
larevuedessinee.fr

La Revue dessinée
Automne 2013 #01
enquêtes, reportages et documentaires en bande dessinée
marins d'eaux dures
Les pionniers du gaz de schiste
Derrière les grilles
Allende, le dernier combat
La saga de l'informatique
La Revue dessinée
Hiver 2013-2014 #02
enquêtes, reportages et documentaires en bande dessinée
les écoutes made in france
un vrp hors norme
les plaies de fukushima
opération lobbying
l'emmerdeur de kingston
La Revue dessinée
Printemps 2014 #03
enquêtes, reportages et documentaires en bande dessinée
Berlin le précaire
Blocage à l'onu
La guerre des mouches
À l'école des futurs élus
Autopsie de la guillotine
La Revue dessinée
été 2014 #04
enquêtes, reportages et documentaires en bande dessinée
La percée d'Aube dorée
Une mutation choc
Le business des évangélistes
Souriez, vous êtes fichés !
La Revue dessinée
Automne 2014 #05
enquêtes, reportages et documentaires en bande dessinée
L'assassinat d'un juge qui a fait trembler la République
Pierre Etaix, le maître des illusions
Coloc de collègues
L'Écosse sans le Royaume-Uni
Le piège des emprunts toxiques
La Revue dessinée
été 2016 #12
enquêtes, reportages et documentaires en bande dessinée
La bombe en question
L'indice du bonheur
Le jackpot des assurances
Liberté, égalité, homosexualité
La Revue dessinée
Automne 2016 #13
enquêtes, reportages et documentaires en bande dessinée
Un univers impitoyable
Un joujou dangereux
La petite mécanique du pouvoir
Entrez sans frapper
La Revue dessinée
Hiver 2016-2017 #14
enquêtes, reportages et documentaires en bande dessinée
Les espions du quotidien
Saravah, 50 ans de légèreté
Nouvelle guerre et vieilles recettes
La grande illusion
La Revue dessinée
Printemps 2017 #15
enquêtes, reportages et documentaires en bande dessinée
La Revue dessinée
Printemps 2016 #11
enquêtes, reportages et documentaires en bande dessinée
Piège en béton
À l'école des grands chefs
L'Europe au pied du mur
Les enfants de la révolution
Ultra moderne servitude
L'information en bande dessinée
La Revue dessinée
Hiver 2018 #22
Catch America
Profits sur ordonnance
Sortie de route
Au pays du soleil couchant
L'information en bande dessinée
La Revue dessinée
Printemps 2019 #23
Les raisons de la colère
Extinction de voies
La grande lessiveuse
Inconnu au bataillon
Feu à volonté
L'information en bande dessinée
La Revue dessinée
été 2019 #24
Paris perdant
Virtuoses sous cachets
Les travailleurs de l'amer
Une histoire de femmes
L'information en bande dessinée
La Revue dessinée
Automne 2019 #25
Charité mal ordonnée
Le cœur sur la main
Briser le silence
L'information en bande dessinée
La Revue dessinée
Automne 2018 #21
À la tête du client
Opération gros sous
Le voisin survolté
Accords et désaccords
L'information en bande dessinée
La Revue dessinée
été 2021 #32
Le retour du sauvage
Les baskets ont la cote
Un mcdo so rebelle
La difficile restitution
Le poison des Antilles
L'information en bande dessinée
La Revue dessinée
Automne 2021 #33
Écrans de fumée
Passage obligé
Du courant dans les pattes
Les États jouent avec le feu
L'information en bande dessinée
La Revue dessinée
Printemps 2021 #31
Partout, tout le temps
Formés dans la mêlée
En zones toxiques
La bataille des fake news
L'information en bande dessinée
La Revue dessinée
Hiver 2021-2022 #34
En arrière, toutes
Péril en la demeure
Des hommes à la mer
La méthode Macron
L'information en bande dessinée
La Revue dessinée
Printemps 2022 #35

LA REVUE DESSINÉE
#08
Sport business
Adidas, l'empire du jeu
Tour de France
Au cul du peloton
Politique
Des bleus à Bobigny
Crise de vocation
Confession d'un pasteur
Météo
Le temps, c'est de l'argent
LA REVUE DESSINÉE
#09
Enquêtes, reportages et documentaires en bande dessinée
LA REVUE DESSINÉE
#10
Le suicide était presque parfait
Les folles lubies pour sauver la terre
Le grand troc
La crim' raconte
Le grand manège des années 1980
LA REVUE DESSINÉE
#07
À l'audience des délits ordinaires
Les voyous du général de Gaulle
Les miradors de l'Europe
The Residents, les extravagants
Fin de partie pour les dictateurs
LA REVUE DESSINÉE
Nature à vendre
La fugue de Cheverny
Des hypers voraces
Le scandale des parafoudres
LA REVUE DESSINÉE
À la botte du sultan
Rien de neuf docteur
À toutes les sauces
Des hommes en pièces
LA REVUE DESSINÉE
Sur la plage empoisonnée
Bienvenue chez les Balkany
Grandes lignes et cocaïne
La loterie du droit d'asile
Sans choix ni loi
LA REVUE DESSINÉE
Sauve qui peut
Les rentiers de l'asphalte
Faire les poches des États
Crimes et châtiments
LA REVUE DESSINÉE
La fuite en avant
Tours de passe-passe
Rien à déclarer
Silence, on craque
LA REVUE DESSINÉE
Ça sent le sapin
Chers amis du pouvoir
Village atomique
Un avis à tout prix
La pilule des enfants sages
Chair à carton
Le futur est dans le pré
Un aller sans retour
LA REVUE DESSINÉE
LA REVUE DESSINÉE
Les débranchés
Procès d'intention
À marche forcée
Travailleurs de l'ombre
LA REVUE DESSINÉE
LA REVUE DESSINÉE
La soif des industriels
Une patate d'enfer
Au ban de l'école
Le non-dit du viol
LA REVUE DESSINÉE
Au nord, c'était les colons
La loi des algorithmes
Les jeunes payent l'addiction
Course de fonds
LA REVUE DESSINÉE
Les maillons faibles
L'imam qui brise les tabous
Souffrir en silence
Laisse béton
Nos retraites carburent
LA REVUE DESSINÉE
Total savait
Peur sur la ville
Une histoire afghane
Mission impossible
La révolte des sacrifiés

La confiance règne

Filature, photo, analyse de l'activité en ligne... Duluc, l'une des plus vieilles agences de détectives de France, propose aux patrons méfiants un large choix de techniques pour espionner les employés qu'ils soupçonnent d'abuser des arrêts maladie ou de piétiner leur clause d'exclusivité. Discrétion et « élégance » garanties. Aujourd'hui, pourtant, plus besoin d'une gabardine et d'un postiche pour garder ses équipes à l'œil. Les mouchards s'infiltrent dans les outils de travail pour traquer les pauses et scruter les performances. Facilitée par le numérique, la surveillance devient le bras armé du management.

CLÉMENT LE FOLL ET CLÉMENT POURÉ **ALICE CHEMAMA**

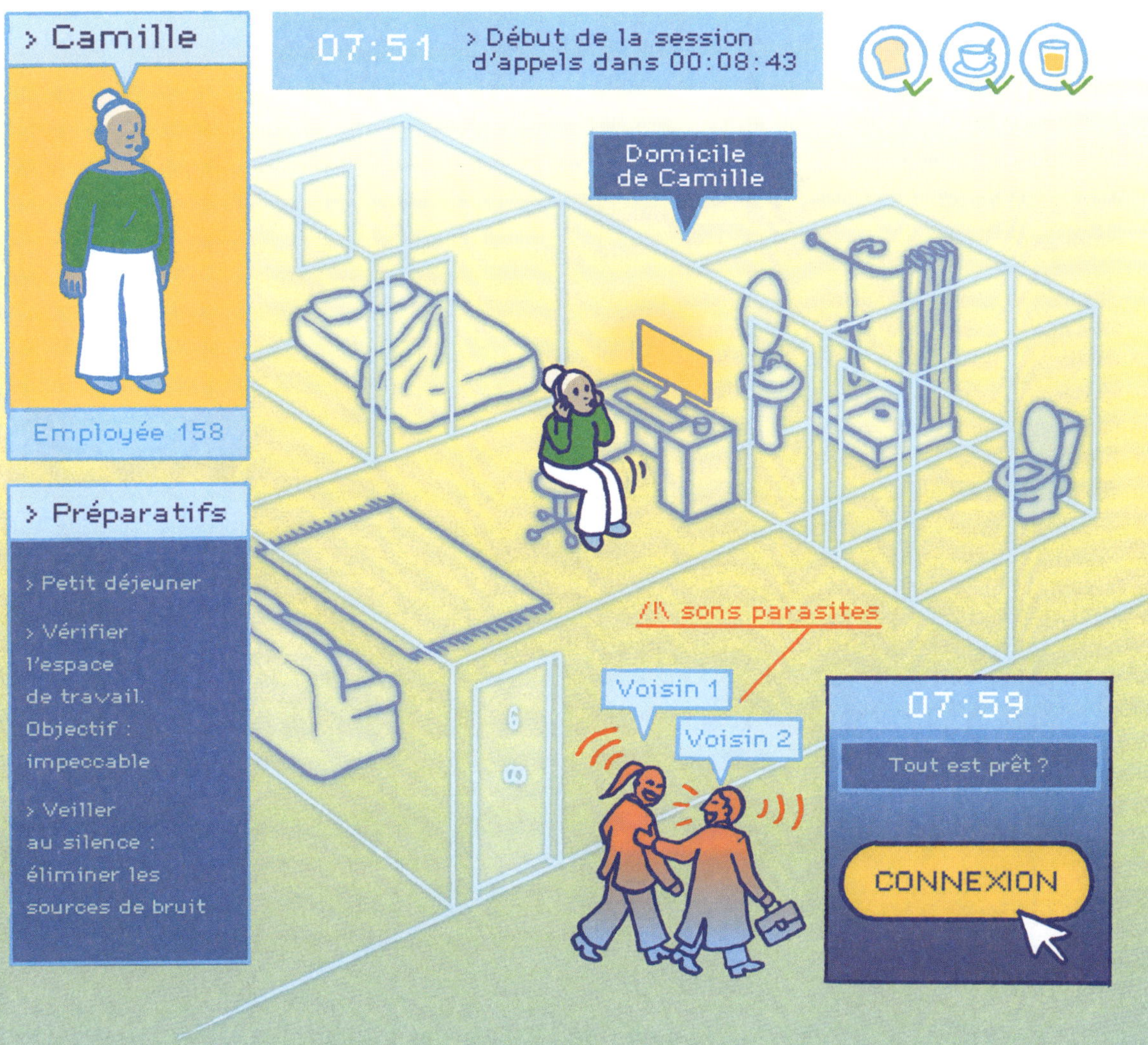

Voici la routine matinale de Camille depuis le premier confinement de mars 2020.
disponible
C'est bon, tout est OK.
CONNEXION
J'arrive toujours un peu plus tôt devant l'ordi. J'ouvre bien tous les outils pour pouvoir me connecter.
Ce temps serait payé si je travaillais sur place.
CLIC
Manageur
> Camille
disponible
Heure de connexion
08:00
Début des appels
Bonjour.
08:06
08:55
09:23
10:28
11:01
Madame Perez ? Je suis Camille,
Oui.
... réaliser une économie de 20%.
C'est une offre exclusive
Bonjour, Monsieur Heitz ?
C'est une offre exclusive
Si ses statistiques chutent, Camille sait que son manageur peut l'appeler pour lui demander des comptes.

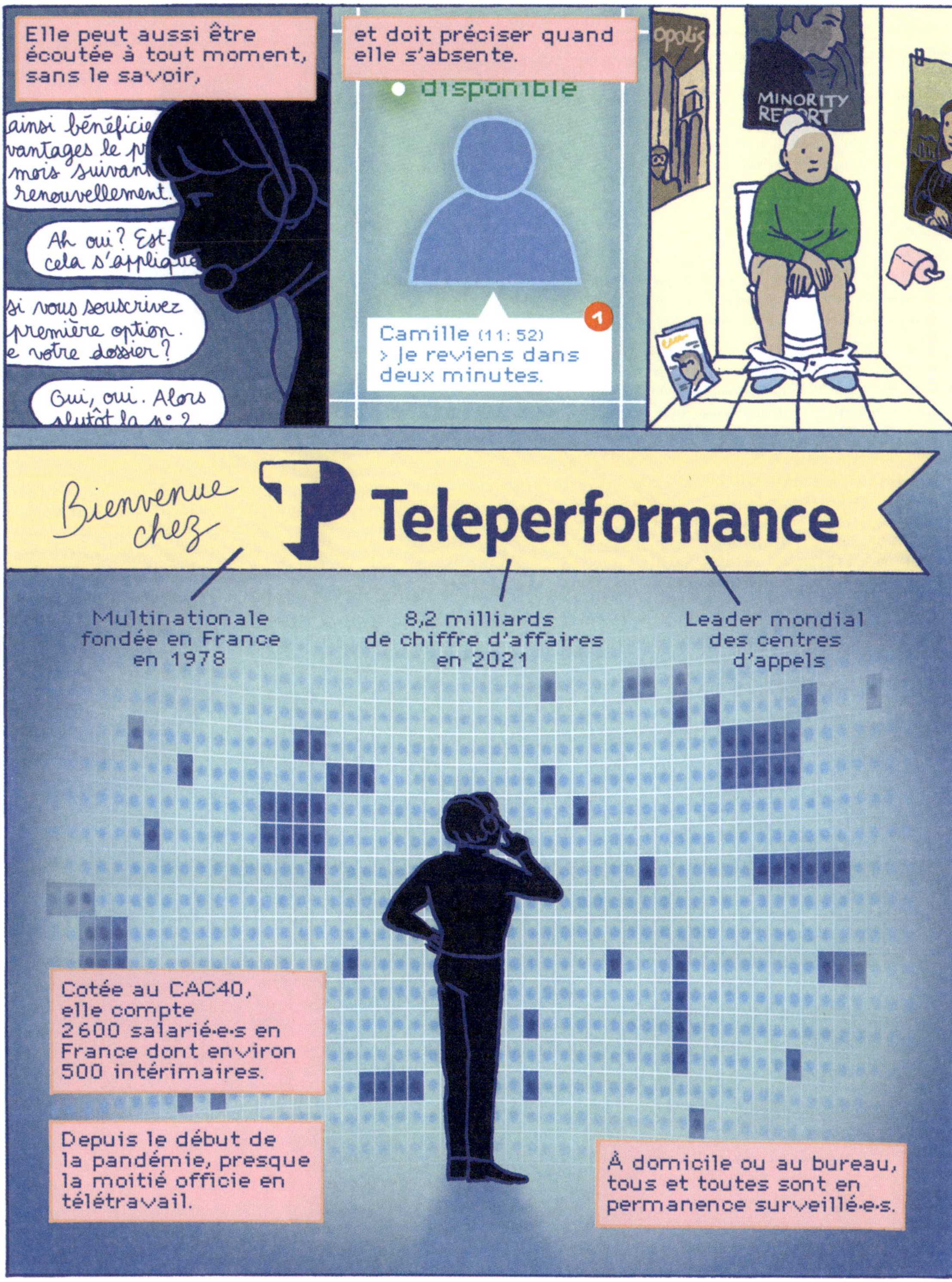
Elle peut aussi être écoutée à tout moment, sans le savoir,
ainsi bénéficie
vantages le p
mois suivan
renouvellement.
Ah oui ? Est-
cela s'appliqu
si vous souscrivez
première option.
e votre dossier ?
Oui, oui. Alors
et doit préciser quand elle s'absente.
disponible
Camille (11:52)
> Je reviens dans deux minutes.
1
opolis
MINORITY REPORT
Bienvenue chez
Teleperformance
Multinationale fondée en France en 1978
8,2 milliards de chiffre d'affaires en 2021
Leader mondial des centres d'appels
Cotée au CAC40, elle compte 2600 salarié·e·s en France dont environ 500 intérimaires.
Depuis le début de la pandémie, presque la moitié officie en télétravail.
À domicile ou au bureau, tous et toutes sont en permanence surveillé·e·s.

Ce suivi constant peut donner lieu à des "débriefs" que l'entreprise présente comme des temps consacrés à l'amélioration des compétences…
Un délégué syndical
… mais qui sont surtout des rappels à l'ordre.

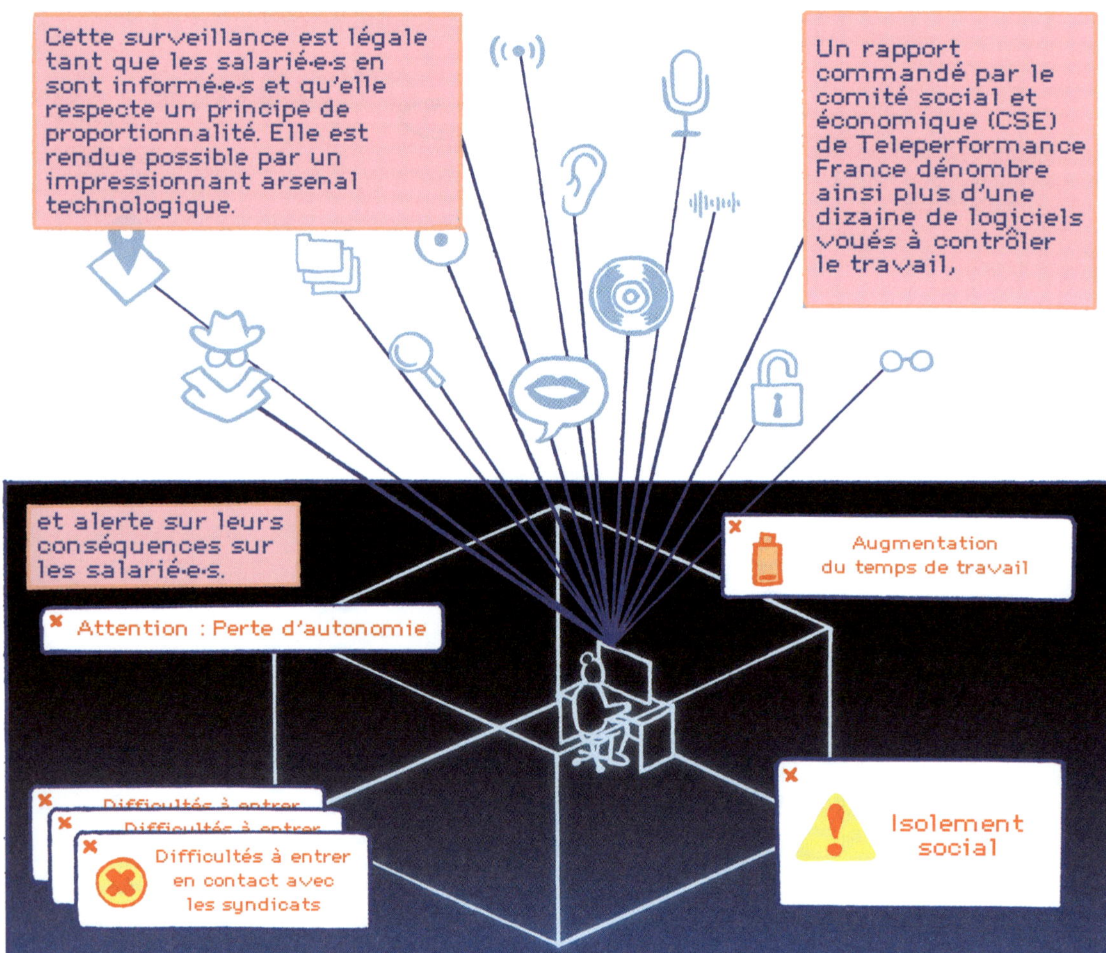
Cette surveillance est légale tant que les salarié·e·s en sont informé·e·s et qu'elle respecte un principe de proportionnalité. Elle est rendue possible par un impressionnant arsenal technologique.
Un rapport commandé par le comité social et économique (CSE) de Teleperformance France dénombre ainsi plus d'une dizaine de logiciels voués à contrôler le travail,
et alerte sur leurs conséquences sur les salarié·e·s.
Attention : Perte d'autonomie
Augmentation du temps de travail
Difficultés à entrer en contact avec les syndicats
Isolement social

Contactée, l'entreprise s'en défend :
La qualité de vie au travail est un enjeu majeur, et de nombreuses actions sont mises en place pour la préservation du collectif.
Great Place To Work® Certified
Elle met aussi en avant l'obtention d'un label comme preuve du confort de ses salarié·e·s.
Mais deux logiciels utilisés par Teleperformance inquiètent particulièrement les syndicats.

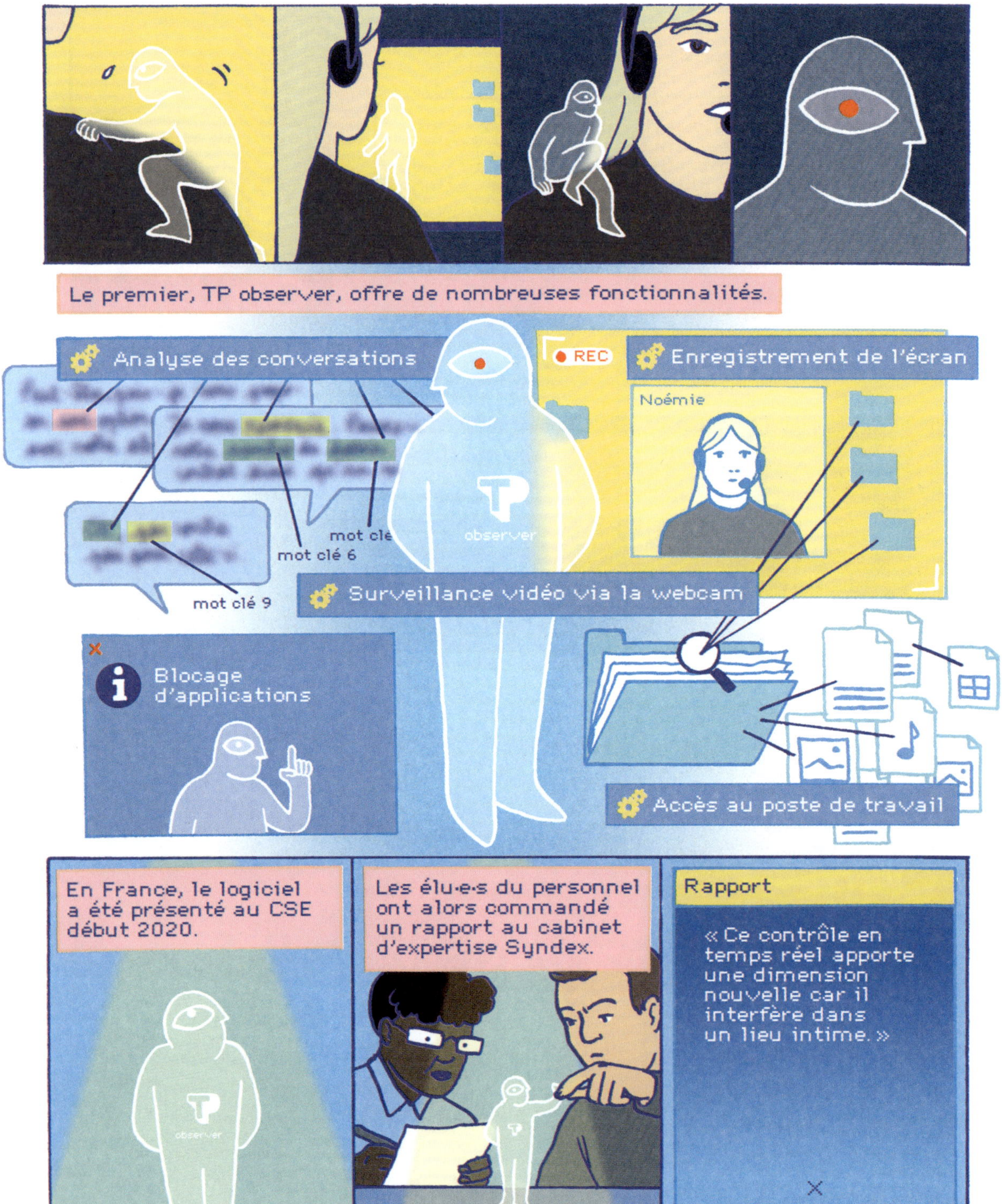
Le premier, TP observer, offre de nombreuses fonctionnalités.
Analyse des conversations
mot clé 6
mot clé 9
observer
REC
Enregistrement de l'écran
Noémie
Surveillance vidéo via la webcam
Blocage d'applications
Accès au poste de travail
En France, le logiciel a été présenté au CSE début 2020.
observer
Les élu·e·s du personnel ont alors commandé un rapport au cabinet d'expertise Syndex.
Rapport
« Ce contrôle en temps réel apporte une dimension nouvelle car il interfère dans un lieu intime. »

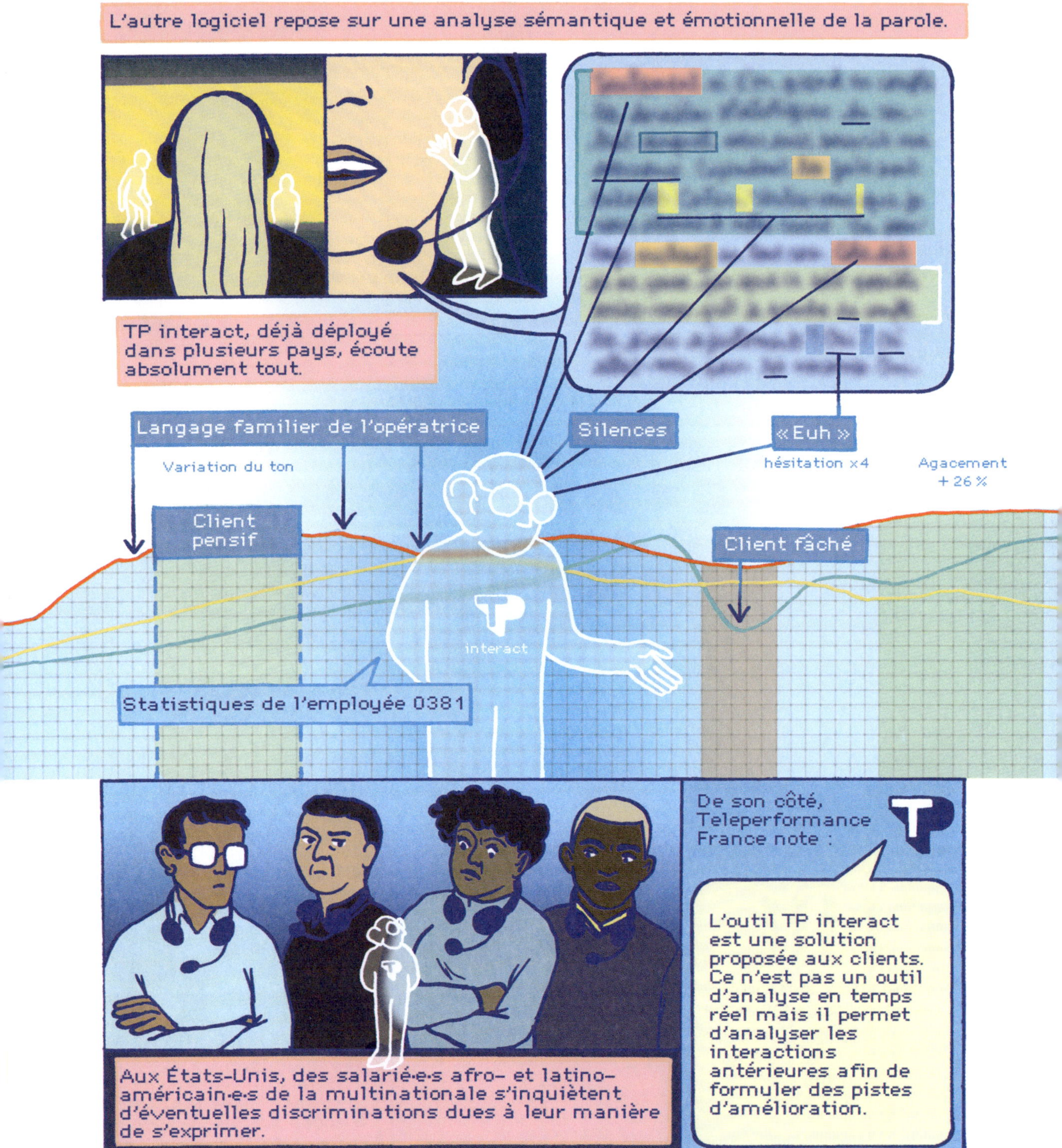
L'autre logiciel repose sur une analyse sémantique et émotionnelle de la parole.
TP interact, déjà déployé dans plusieurs pays, écoute absolument tout.
Langage familier de l'opératrice
Silences
« Euh »
hésitation x4
Variation du ton
Agacement + 26 %
Client pensif
Client fâché
interact
Statistiques de l'employée 0381
Aux États-Unis, des salarié·e·s afro- et latino-américain·e·s de la multinationale s'inquiètent d'éventuelles discriminations dues à leur manière de s'exprimer.
De son côté, Teleperformance France note :
L'outil TP interact est une solution proposée aux clients. Ce n'est pas un outil d'analyse en temps réel mais il permet d'analyser les interactions antérieures afin de formuler des pistes d'amélioration.

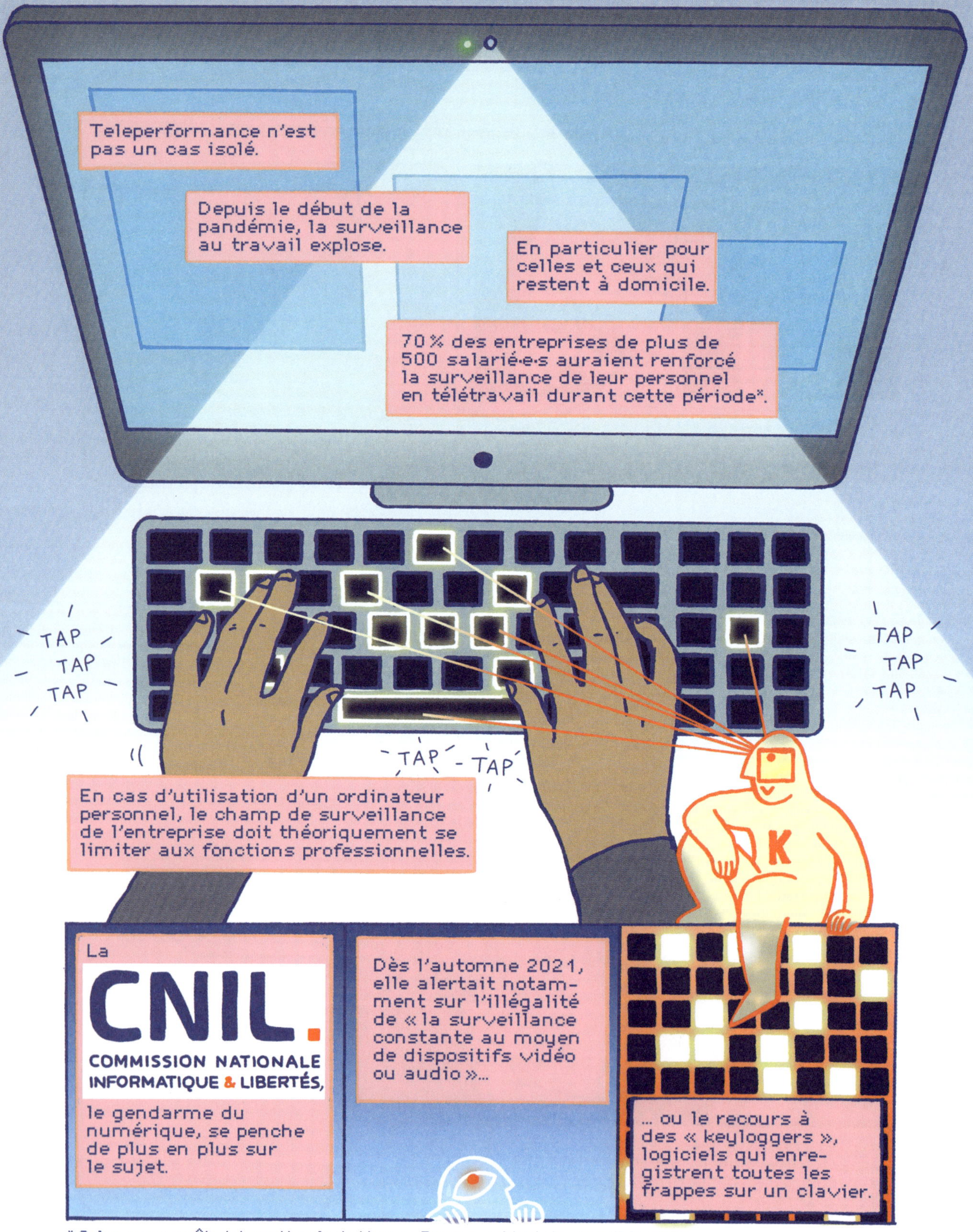

* Selon une enquête internationale de Vanson Bourne, cabinet de conseil londonien.

* Conservatoire national des arts et métiers.

Des pratiques qui s'inscrivent dans un contexte plus large de sursollicitation de celles et ceux qui télétravaillent.
21:26
1 nouveau message
BOSS : Où en est le compte-rendu de ...
Dans une enquête de la CGT menée en 2021 sur 15 000 salarié·e·s, 48 % des interrogé·e·s indiquent recevoir des SMS en dehors de leurs heures de travail.
• 52 % déclarent prendre moins de pauses qu'en présentiel.
Ne m'attendez pas, je finis des mails.
NETFLUX
Mail
69 % travaillent « de temps en temps » en dehors de leurs heures de travail.

* Auteur d'« Apocalypse managériale », éd. Les Belles Lettres (2022).

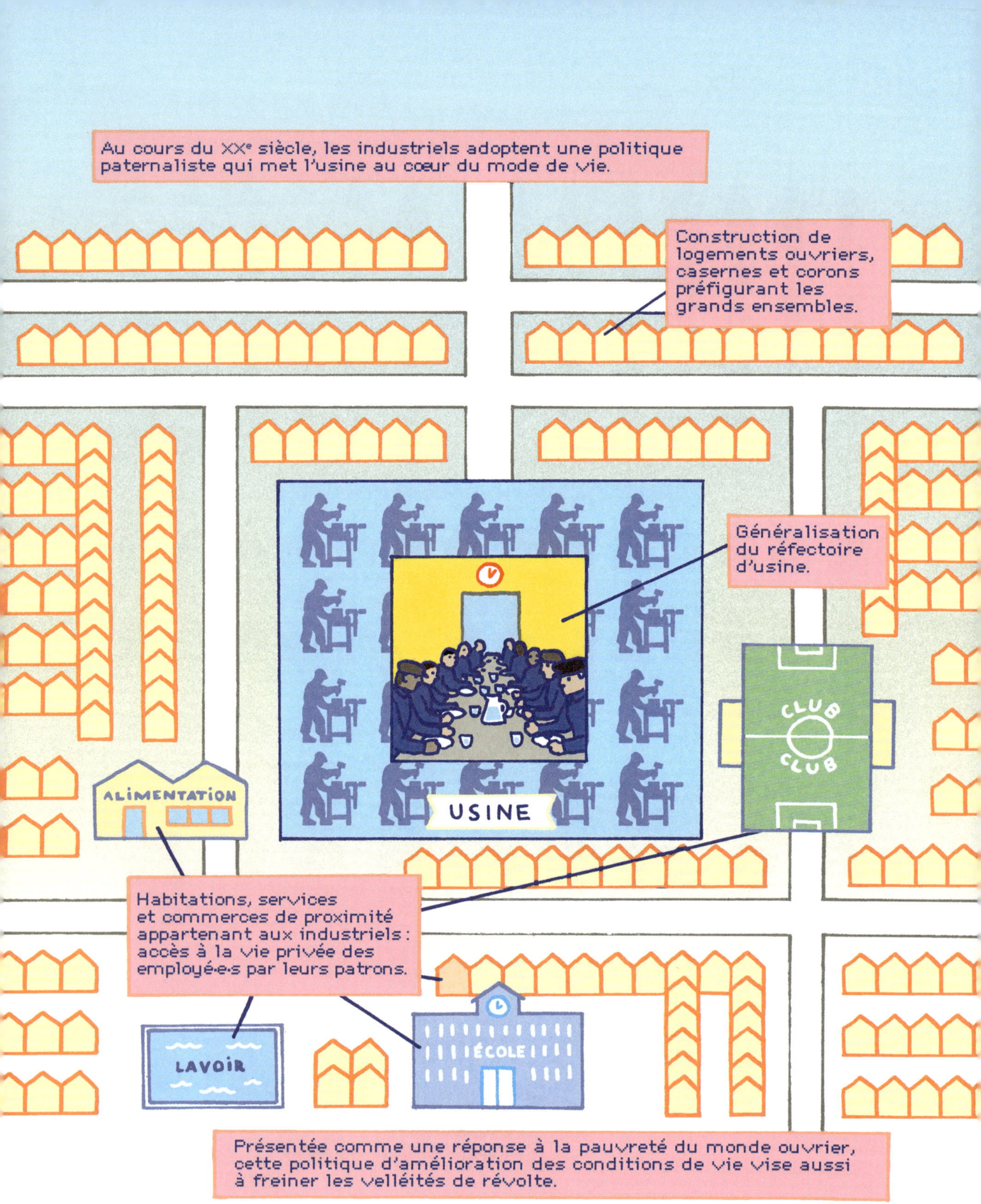
Au cours du XXe siècle, les industriels adoptent une politique paternaliste qui met l'usine au cœur du mode de vie.
Construction de logements ouvriers, casernes et corons préfigurant les grands ensembles.
Généralisation du réfectoire d'usine.
USINE
CLUB
CLUB
ALIMENTATION
Habitations, services et commerces de proximité appartenant aux industriels : accès à la vie privée des employé·e·s par leurs patrons.
LAVOIR
ÉCOLE
Présentée comme une réponse à la pauvreté du monde ouvrier, cette politique d'amélioration des conditions de vie vise aussi à freiner les velléités de révolte.

À l'approche de la Première Guerre mondiale, on cherche à modéliser l'organisation du travail de manière à optimiser la stratégie de production.
François-Xavier de Vaujany
pièces
production
temps
L'usine s'automatise.
concepteur
Le taylorisme divise...
exécutant
division verticale
... et rationalise au maximum le travail.
x minutes
chaîne 5
ouvrier 28
4 mouvements
00:00:12
rendement/heure
vitesse
La cybernétique, une science qui vise entre autres à étudier et à « améliorer » les systèmes de production, imprègne durablement la pensée managériale.
X2
division horizontale
Cybernétique et management se sont rencontrés pour ne plus jamais se quitter.

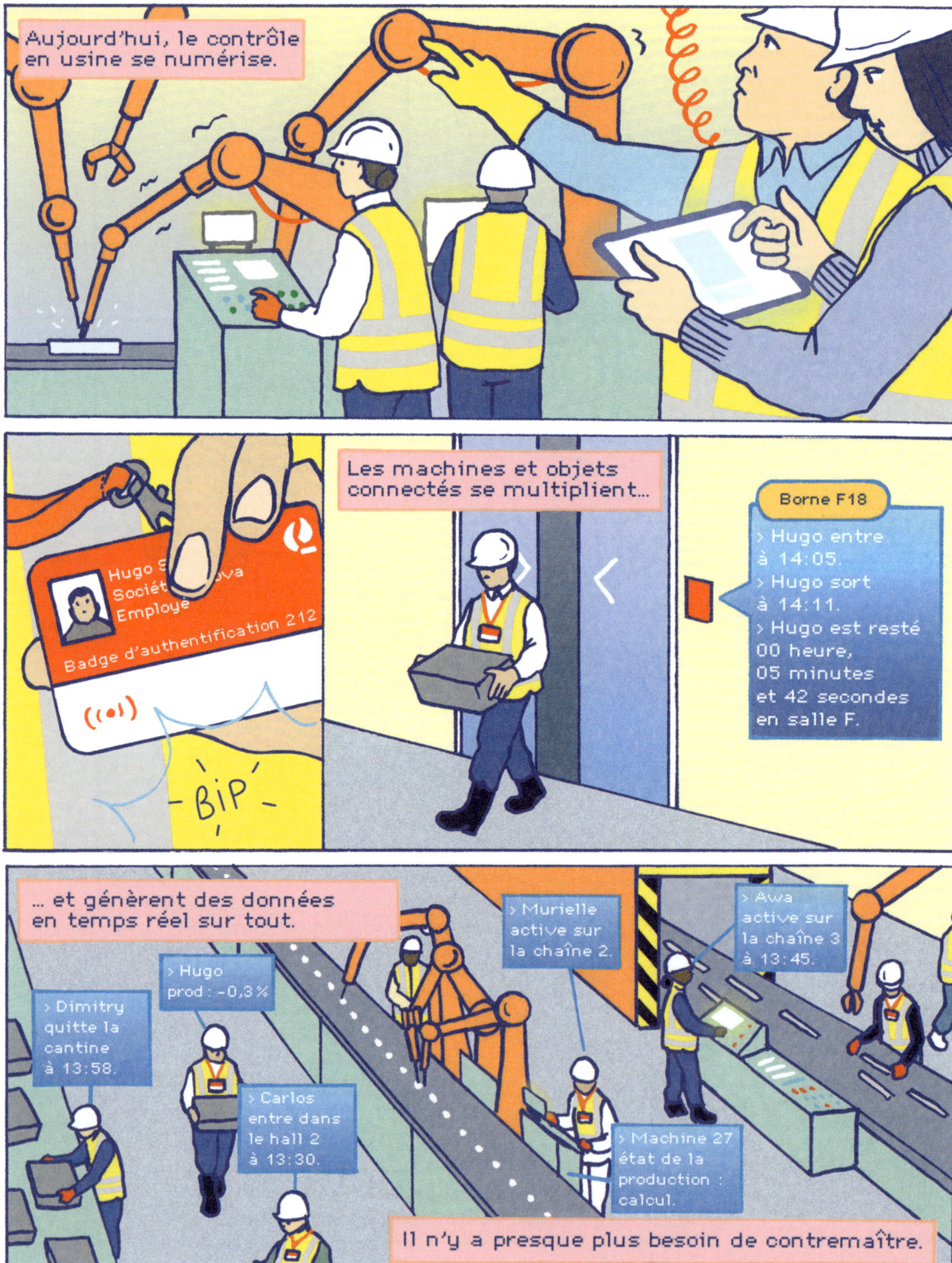
Aujourd'hui, le contrôle en usine se numérise.
Employé
Badge d'authentification 212
BIP
Les machines et objets connectés se multiplient…
Borne F18
> Hugo entre à 14:05.
> Hugo sort à 14:11.
> Hugo est resté 00 heure, 05 minutes et 42 secondes en salle F.
… et génèrent des données en temps réel sur tout.
> Dimitry quitte la cantine à 13:58.
> Hugo prod : -0,3 %
> Carlos entre dans le hall 2 à 13:30.
> Murielle active sur la chaîne 2.
> Awa active sur la chaîne 3 à 13:45.
> Machine 27 état de la production : calcul.
Il n'y a presque plus besoin de contremaître.

C'est au sein des entrepôts de livraison que cette tendance est à son paroxysme.
08:02
VOICE
ON
Julien travaille pour une grande enseigne de distribution belge implantée en France.
VOICE activée
C'est parti.
Toute la journée, il doit communiquer à haute voix avec Voice, une intelligence artificielle qui lui donne des instructions.
Produit : ramette de papier A4.
Vérification en cours.
OK. Prendre 3 colis.
OK 3 colis.
Et ainsi de suite pour chaque commande.
Commande n°9781142FB
Produit : litière pour chat.
OK 1 palette.
OK 4 colis.
Et lorsque Julien est de repos...
Il nous faut deux bouteilles de jus, chéri.
OK, deux bouteilles.
JUS
JUS
Voice ne le quitte jamais vraiment.

* Sous la pression d'un syndicat, la direction de l'entreprise a remplacé son projet initial par une expérimentation et assure ne pas vouloir « étendre le dispositif ».

* La loi interdit de surveiller les salles de pause, les toilettes, et de filmer les salarié·e·s à leur poste de travail.

*Selon une source interne à la Cnil.

Autre indicateur du développement de cette surveillance :
Révolution
NOUVEAU !
Acheter
S
l'émergence d'un marché consacré à ces outils.
On y trouve par exemple l'entreprise Sysnav, spécialisée dans les solutions de navigation et de capture du mouvement.
Elle propose des bracelets pour géolocaliser les employé·e·s sur postes isolés.
Sysnav
Coordonnées de Jean-Pierre 48°53′54″N 2°22′15″E
Ou encore Teleric et sa pointeuse mobile nouvelle génération,
Mini V4
Teleric
permettant de suivre en temps réel l'activité d'un·e agent·e.
Michel commence l'entretien à 22:36.
Envoi d'une notification.
Attention, vous avez commencé ce secteur en retard.
La mini V4 est censée « procurer rapidement » à l'entreprise « des gains en termes de chiffre d'affaires ».

* Syndicat des travailleurs et travailleuses du jeu vidéo. Créée en 2018, c'est la seule organisation syndicale de ce secteur.

* L'employeur peut accéder à tout mail de la boîte de messagerie professionnelle, à l'exception de ceux identifiés comme privés. Ceux-ci peuvent par exemple contenir la mention « privé » en objet, ou être classés dans un répertoire « personnel ».

Quand je l'ai appris, j'ai eu super peur.
Ancien collègue de Maxime
J'ai désinstallé plein d'applications de messagerie.

Cette autocensure préfigure-t-elle des modèles de surveillance où les entreprises n'auront même plus à investir dans des technologies pour contrôler leurs salarié·e·s ?

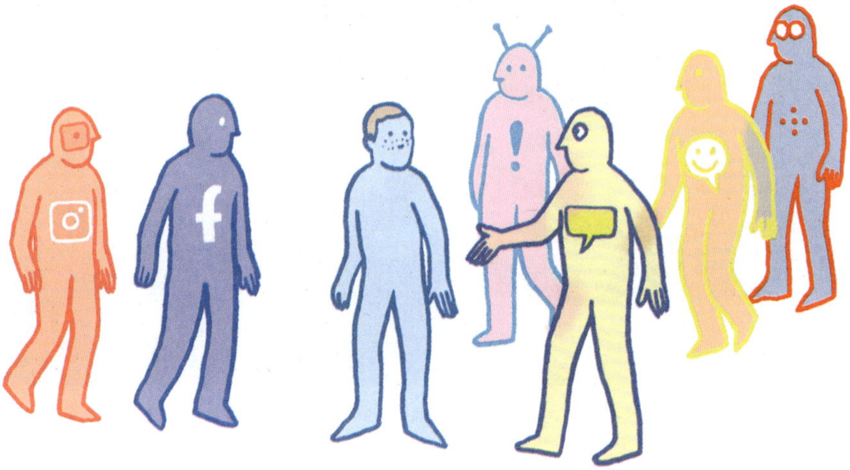

Surveiller et punir se ferait alors au seul moyen de nos outils de communication.

MOUCHARD AVEC CHAUFFEUR

À vélo ou en voiture, on n'est pas forcément moins épié qu'au bureau. Les chauffeurs VTC et les livreurs à deux roues sont eux aussi sujets à une étroite surveillance au travail, qui peut nuire à leur rémunération… comme à leur santé.

© THOMAS LOUAPRE / DIVERGENCE

Un chauffeur VTC fait une sieste entre deux courses. L'hyperconnexion génère de la fatigue, mais aussi des troubles du sommeil et des risques de maladies cardio-vasculaires.

Bien qu'ils semblent rouler en toute liberté, les chauffeurs VTC sont parmi les premiers affectés par la surveillance au travail. Officiellement, un algorithme organise les courses sur des critères objectifs. *« Le seul et unique facteur de variation des prix est la disponibilité de chauffeurs au moment et dans la zone où le passager passe commande »,* assure un porte-parole de la plateforme Uber. Mais plusieurs chauffeurs affirment que l'application collecte des données qui influent sur leur chiffre d'affaires : localisation, taux de courses acceptées ou refusées, note des clients, etc. Dans un rapport*, l'Intersyndicale nationale VTC (INV) soutient que l'application serait dotée d'un pisteur capable de collecter plus de données que nécessaire, tels des enregistrements audio ou vidéo. *« Aucun travailleur ne sait quels comportements sont enregistrés, à quel moment et avec quelle conséquence sur l'algorithme »,* déplore son fondateur, Brahim Ben Ali. Uber, de son côté, réaffirme son engagement *« à protéger les données personnelles des chauffeurs ».*

Le moral à plat

« Le management algorithmique repose sur une surveillance constante de la part des plateformes », juge aussi Pierre Bérastégui, chercheur à l'Institut syndical européen**, pour qui ce phénomène n'est pas sans conséquences sur la santé. D'après lui, jusqu'à 20 % des travailleurs de plateformes - chauffeurs VTC, mais aussi livreurs à vélo - souffriraient de dépression, soit trois fois plus que dans la population générale. La surveillance contribue à un *« rythme de travail effréné »,* observe le chercheur. Pour ne pas voir sa note baisser, Will, un chauffeur VTC de 44 ans, en vient à moins *« respecter ses limites et le code de la route ».* Dominique, 56 ans, soupçonne même l'algorithme de vouloir le faire travailler plus longtemps. *« En analysant à partir de quel montant j'arrêtais ma journée et en m'offrant moins de courses à l'approche de ce montant, l'application semble faire en sorte que je mette plus de temps à l'atteindre »,* avance-t-il. *« La surveillance des plateformes en vient à supprimer la coupure entre vie privée et travail, ce qui mène les travailleurs à l'usure »,* estime Stéphane Le Lay, sociologue à l'Institut de recherche en psychodynamique du travail, auteur d'une enquête sur les livreurs à vélo. Chez les VTC, Uber certifie *« que les conditions de travail des chauffeurs sont au cœur de [ses] préoccupations »* et cite la mise en place, en 2018, d'une fonctionnalité limitant les heures de conduite sur l'application. Selon ses chiffres, 54 % des chauffeurs travaillent toutefois sur plusieurs plateformes en même temps, ce qui rend le nombre d'heures de route complexe à quantifier. D'autres facteurs pourraient par ailleurs affecter la santé mentale des travailleurs, comme voir son nombre de courses chuter ou être radié de l'application sans motif. Brahim Ben Ali évoque un *« sentiment de psychose »* chez ses collègues. L'attention permanente à l'écran du téléphone et l'offre continue de gains potentiels provoqueraient également des insomnies. Will a même fini par quitter Uber. Le chauffeur vivait l'application *« comme une addiction »* qui rognait trop sur sa liberté.

Jusqu'à 20 % des travailleurs de plateformes souffriraient de dépression

PAR LÉONE LAALI

* *Le Taylorisme digital,* rapport de l'Intersyndicale nationale VTC du 27 novembre 2022. ** Dans son étude *Exposure to Psychosocial Risk Factors in the Gig Economy.* Etui, en anglais (2021).

À LIRE

Le Management totalitaire, **de Violaine des Courières. Une enquête glaçante sur le management moderne, son fonctionnement et les conséquences pour celles et ceux qui le subissent.** Éd. Albin Michel (2023).

À LIRE

L'Établi, **de Robert Linhart. Plongée au cœur d'une chaîne de production automobile dans les années 1970, entre surveillance, grève et répression.** Les Éditions de minuit (1981).

La revue des cinés

L'Effrontée de Claude Miller. 1985 : Charlotte Gainsbourg s'ennuie, râle et rêve de liberté. Son personnage s'inspire de Frankie Addams, ado rebelle imaginée quarante ans plus tôt par l'autrice américaine Carson McCullers.

Anne Simon

Mais, à 13 ans, on ne se reconnaît pas en Clara Bauman.
Brave petite soldate que tout le monde adule.
Nous, on veut se tirer de là, de cet âge ingrat qui nous fait souffrir. On veut échapper à cette société qui nous muselle.
Nous, on est Charlotte Castang.
Celle qui est mal coiffée.
C'EST QUOI QUE T'AS SUR LA TÊTE ? UNE CROTTE DE CHIEN ?
Celle qui est mal dans sa peau.
JE VOUDRAIS ÊTRE N'IMPORTE QUI SAUF MOI.
Celle que l'on juge trop vite.
REGARDE-TOI DANS LA GLACE ET QU'EST-CE QUE TU VERRAS ?
UNE JALOUSE.
Celle qui laisse éclater sa colère.
TOUT EST PETIT ICI, TOUT EST MOCHE !
C'EST PETIT, C'EST MOCHE ET PUIS C'EST TOUT !

Charlotte bricole, elle fait du bruit.
ARRÊTE DE TAPER SUR CETTE TABLE, ELLE T'A RIEN FAIT.
BAM BAM BAM
Charlotte a les genoux pleins de croûtes.
L'INFIRMIÈRE, ELLE A DIT QU'ELLE N'AVAIT JAMAIS VU UN SANG AUSSI ROUGE ET AUSSI BEAU QUE LE MIEN.
Charlotte ne fait pas d'efforts.
AU FAIT, TU VIENS À LA BOUM DE MARION, CET APRÈM' ?
SÛREMENT PAS.
Charlotte n'est pas docile.
TU M'AIMES.
N… NON.
MAIS CE SERA QUOI, TA VIE ?
UNE SOUFFRANCE ?
Charlotte en a ras le bol, et elle fait ce qu'on aimerait toutes faire.
VLAM !
EH BEN VOILÀ, T'AS GAGNÉ LE COCOTIER !
Envoyer tout valdinguer.

Charlotte ne s'excuse pas.
MERDE MERDE MERDE !
VOUS ME FAITES CHIER !
VOUS ME FAITES CHIER À LA FIN !
De toute façon, personne ne la comprend.
J'VAIS ME TIRER UNE BALLE, LÀ !
PAN !
CHARLOTTE, TU SAIS CE QUE TON PÈRE A DIT SI ON TOUCHAIT À SON REVOLVER !
Mais elle aussi peut sourire et porter des robes, comme Clara Bauman.
COUCOU !
OH QU'C'EST JOLI !
...
Car Clara lui a promis quelque chose : elle va l'emmener. Loin d'ici.
TOUT ÇA, C'EST DES RÊVERIES DANS TA PETITE TÊTE DE FOLLE !
Charlotte s'en fout, elle va partir.
En 1985, voilà ce qu'elle crie déjà :
ON SE LÈVE ET PUIS ON SE CASSE.
ET JE VOUS VERRAI PLUS, VOUS ET VOS SALES GUEULES !

Quand on est une petite fille, il faut nous dire qu'on a le droit de se défendre.
On a le droit de fracasser un objet en verre sur la tête d'un violeur.
On a le droit de ne pas être de bonne humeur.
On a le droit d'être écoutée.
POURQUOI J'ARRIVE JAMAIS À DIRE CE QUE JE VEUX DIRE ?
ALLEZ, REPOSE-TOI, MA TOUTE BELLE.
On a le droit d'envier les gens qui s'amusent, même si, au fond, tout ça nous révulse.
Y A DES FILLES ET DES GARÇONS QUI S'EMBRASSENT SUR LA BOUCHE, HEY.
Roule Roule
Ça ne nous empêchera pas de trouver que l'adolescence est une période de merde – car c'est une période de merde – mais ça nous aidera.
On finira bien par trouver notre place.

On pourra choisir de jouer Mozart au piano...
... écouter Ricchi e Poveri à fond la caisse...
Sarà perché ti amo
... boire un verre seule en terrasse...
LE PERROQUET
HÔTEL
... ou revoir pour la millième fois le même film, sans s'en lasser, et ne jamais oublier cette phrase :
TU TROUVES PAS QUE LA VIE, ELLE EST BRUSQUE ?
Carson McCullers
FRANKIE ADDAMS

PHOTO

Instantané

Surprise ratée. Ce 19 mai 1962, 15 000 démocrates sont réunis au Madison Square Garden, à New York. À dix jours de son 45e anniversaire et dans un enchaînement de festivités, c'est John Fitzgerald Kennedy que l'on célèbre. Un «Mr President» que le photographe Bill Ray aurait bien voulu, lui aussi, surprendre.

FÉRIEL NAOURA ÉLISA GÉHIN

© BILL RAY

AU PROGRAMME, DES GRANDS NOMS COMME ELLA FITZGERALD, MARIA CALLAS...

ET MARILYN MONROE. DEPUIS QUELQUE TEMPS, LA RUMEUR DE SA LIAISON AVEC LE LOCATAIRE DE LA MAISON-BLANCHE BRUIT. LES PHOTOGRAPHES SONT À L'AFFÛT.

PARMI EUX, BILL RAY, UN OBJECTIF EN TÊTE : PRODUIRE L'IMAGE SINGULIÈRE QUI FERA LA UNE DE « LIFE », LE « PARIS MATCH » LOCAL. IL DÉCIDE DE SE POSITIONNER DERRIÈRE LA SCÈNE, À L'OPPOSÉ DU CORDON DES PHOTOGRAPHES, ET D'ESCALADER UN PILIER.

LA PRESTATION DE MARILYN, SANS CESSE RETARDÉE, SERA L'OPPORTUNITÉ ATTENDUE. LA STAR LUI TOURNE LE DOS, MAIS JFK, ASSIS DANS LA TRIBUNE, LUI FAIT FACE. L'OCCASION RÊVÉE DE CAPTURER UNE EXPRESSION QUI LES TRAHIRAIT.

BILL RAY DOIT ALORS RELEVER UN DÉFI DE TAILLE : CHOISIR LE TEMPS D'EXPOSITION, C'EST-À-DIRE LA DURÉE PENDANT LAQUELLE L'OBJECTIF DOIT RESTER OUVERT POUR QUE LA LUMIÈRE « DESSINE » L'IMAGE SUR LA PELLICULE.

UN SUJET DANS LA PÉNOMBRE – ICI, LE PRÉSIDENT – EXIGERA UN TEMPS D'EXPOSITION LONG. À L'INVERSE, UN SUJET TRÈS ÉCLAIRÉ – MARILYN SOUS LES PROJECTEURS –, UN TEMPS COURT.

BILL RAY TENTE PLUSIEURS OUVERTURES, PLUSIEURS CADRAGES POUR TROUVER LE JUSTE MILIEU, EN VAIN. DANS LE LOT, UNE PHOTO AURAIT PU CONVENIR, MAIS SERA TROP FLOUE. LA PLUS RÉUSSIE, CE CLICHÉ NET DE MARILYN, NE SERA PAS PUBLIÉE. PEUT-ÊTRE À CAUSE DE LA SILHOUETTE DÉSARTICULÉE DE LA STAR, BIEN LOIN DE SON IMAGE DE SEX-SYMBOL.

MAIS LE PHOTOGRAPHE TIENDRA SA REVANCHE. LE CLICHÉ PARAÎTRA PLUS TARD DANS UNE COMPILATION DES MEILLEURES IMAGES DE « LIFE ». ELLE SERA LA PHOTO LA PLUS VENDUE DE SA PROLIFIQUE CARRIÈRE.

BIODIVERSITÉ

VOYAGE VOYAGE

Pendant des siècles, le lapin de garenne a coulé des jours heureux sur sa terre d'origine, la péninsule ibérique. Et puis, les humains se sont mêlés de son destin. Au XIXe siècle, un colon en achemine vingt-quatre en Australie. Le lapin « européen » s'y multiplie à un point tel qu'il est aujourd'hui l'ennemi à abattre. La France aussi a ses « envahisseurs » aux noms venus d'ailleurs : agave d'Amérique, bernache du Canada... Mais leurs interactions avec leur pays d'adoption sont plus complexes que leur réputation ne le laisse croire.

ANGELA BOLIS **JÉRÉMY CAPANNA**

CETTE ENQUÊTE A ÉTÉ RÉALISÉE EN PARTENARIAT AVEC LA *REVUE SALAMANDRE.*

Nice
mer Méditerranée
Antibes
Cannes
Cap d'Antibes
Perruche à collier
Origine : Afrique et Inde
Écureuil de Pallas
Origine : Asie du Sud-Est
Herbe de la pampa
Origine : Amérique du Sud
Tortue de Floride
Origine : États-Unis
Elles sont belles, colorées, exubérantes.
On les importe pour garnir nos jardins et nos bassins,
Arbre aux papillons
Origine : Chine

* Grand réservoir d'eau, rempli ou vidangé en mer.

Puis un beau jour...
SCRRR
SCRRR
... elles poursuivent
leur chemin dans
leur nouveau monde.

* Centre national de la recherche scientifique.

* Dès -6500, par la migration des agriculteurs du Proche-Orient vers l'Europe. D'après Jean-Paul Demoule, *Les Dix Millénaires oubliés qui ont fait l'histoire*, éd. Fayard (2017).

C'est l'époque de la conquête de l'Amérique, des grandes expéditions lancées par les puissances européennes aux quatre coins du monde.

Mais le grand brassage des espèces s'accélère nettement au XXe siècle, avec l'essor du tourisme et du commerce international. Depuis les années 1970, le nombre d'EEE a augmenté de 76% en Europe[1].

Et cela vaut dans les deux sens : des espèces européennes, des plus banales pour nous, sont considérées comme invasives sur d'autres continents.

1. RAPPORT « ESPÈCES EXOTIQUES ENVAHISSANTES », COMMISSION EUROPÉENNE, 2016.

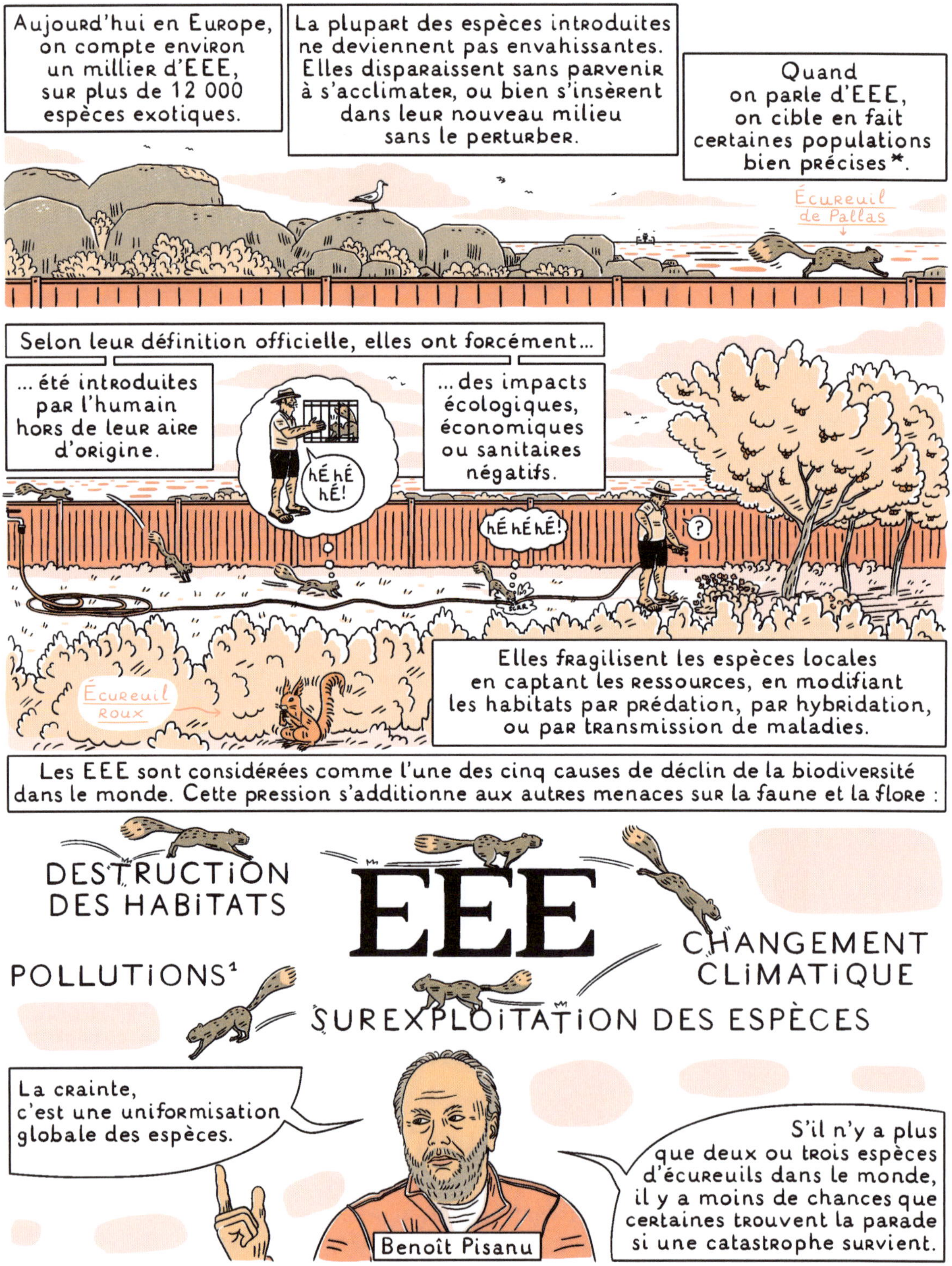

1. IPBES, 2019.

* Une même espèce peut être menacée dans son pays d'origine, et envahissante dans un autre.

1. INVACOST, CNRS, UNIVERSITÉ PARIS SACLAY.

Îles du Frioul
Marseille
Pomègues
Cassis
mer Méditerranée
L'enjeu est particulièrement sensible sur le littoral méditerranéen,
Chevalier Paul MARSEILLE
à la fois haut lieu de biodiversité, terre de brassage historique et aujourd'hui zone surfréquentée.

* Programme européen Life Habitats Calanques.

1. UNION INTERNATIONALE POUR LA CONSERVATION DE LA NATURE.

Elle capte efficacement les ressources en eau et en nutriments, et la lumière.
C'est un cactus qui se reproduit très facilement. Il finit par supplanter les espèces locales.
Julien Ugo
Où est-ce qu'on stocke les plantes arrachées ?
Là-bas, derrière l'éperon rocheux...

Sur cette île, il existe aussi de petites plantes discrètes, locales, que les gardes et les botanistes protègent comme des trésors.
Là, c'est une astragale de Marseille.
C'est une des espèces les plus menacées du territoire.
Elle ne vit presque que dans le parc des Calanques, sur une étroite bande entre les vagues et la garrigue.
Cette fleur locale, implantée depuis les dernières glaciations, s'est singulièrement adaptée à ce milieu aride, minéral, frappé par le soleil, le sel et le vent.
petits buissons à ras le sol
plantes en coussin pour réguler la température et l'humidité
feuilles velues
épines
Depuis 2017, près de 200 tonnes de plantes invasives ont ainsi été arrachées,
et plus de 4 500 pieds d'astragale ont été replantés dans les Calanques.

Malgré tous ces efforts, ces mêmes plantes invasives continuent d'être exposées dans les parcs urbains et les jardins, à quelques mètres du cœur du parc...
Elles ont pénétré nos paysages et nos imaginaires.
Henri Manguin
Les Aloès en fleur
Cap Canaille (Cassis) - 1913
Aloès (origine : Afrique)
Félix Vallotton
Mimosas en fleur
à Cagnes - 1921
Mimosa (origine : Australie)
Certaines sont même devenues des emblèmes du littoral méditerranéen.
Baie de La Ciotat
Agave (origine : Amérique)
Localement, les opérations d'arrachage choquent certains habitants.
Figuiers de Barbarie
Espèces soi-disant invasives...
En plus de leurs vertus, elles sont belles et s'installent là où peu d'espèces peuvent survivre.
Griffes de sorcière
PÉTITION
STOP AU MASSACRE
30.785 signatures
Je signe
Agave
Nous, autochtones, habitués des berges sauvages marseillaises, les voyons depuis toujours.
Nous sommes choqués par ce carnage qui n'a pas de sens.

Les plantes locales, personne ne les voit ni ne s'en soucie...
L'astragale a énormément souffert de l'aménagement du littoral, des pollutions et du piétinement.
Ces plantes invasives sont une pression supplémentaire.
Julien Ugo

Nous avons hérité de ces paysages millénaires. Cet écosystème de garrigue littorale est unique en France.
C'est un patrimoine à préserver, voire à restaurer, comme un monument historique.

Il n'y a pas que sur le terrain que la gestion des EEE est contestée. Elles sont aussi au cœur de vifs débats dans la communauté scientifique.

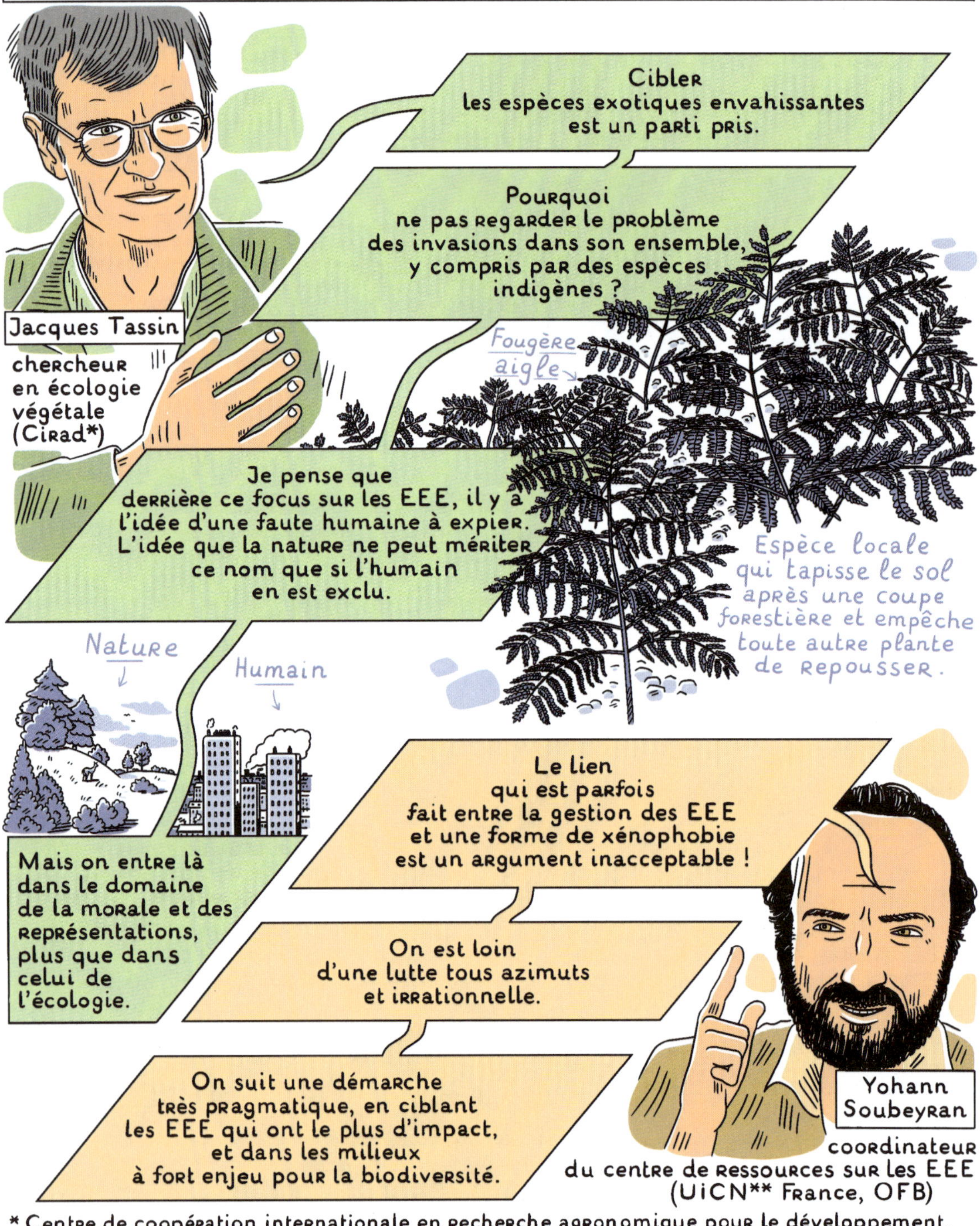

* Centre de coopération internationale en recherche agronomique pour le développement.
** Union internationale pour la conservation de la nature.

* Ailleurs, elle menace l'espèce locale d'écrevisse à pattes blanches, absente de Camargue.

* Prédateurs, pathogènes, espèces concurrentes...

Enfin, notre vision serait biaisée par la situation particulière des îles, où les espèces ont évolué longtemps isolées, et se retrouvent démunies face à l'arrivée de nouveaux prédateurs ou concurrents. Les cas de disparitions d'espèces dues aux EEE ne seraient d'ailleurs recensés que dans des îles.
Rien ne justifie d'amalgamer cette situation avec celle des continents.
Chat haret
introduit en Australie par les Européens
jugé responsable de l'extinction d'une trentaine d'espèces endémiques
Bilby (bandicoot-lapin à queue blanche)
Souris sauteuse à grandes oreilles
Les preuves s'accumulent, et confirment que ces espèces sont aussi une menace majeure et croissante sur les continents.
Il existe un large consensus dans la communauté scientifique sur ces impacts !
Chez les chercheurs, le débat n'est pas clos.
L'écologie des invasions est une science jeune, née en 1958 avec le zoologiste anglais Charles S. Elton.
L'Écologie des invasions par les animaux et les plantes
Elle n'a véritablement émergé qu'à partir des années 1980-1990.
Benoît Pisanu, MNHN
C'est un champ de recherche en construction, qui manque encore d'une approche plus sociétale et anthropologique.

* Fondé à Arles par la mécène suisse Maja Hoffmann.

On veut changer le regard sur ces espèces.
On peut les voir aussi comme une ressource abondante, locale...
Arnaud Magnin et Anne-Claire Hostequin, designers à l'Atelier Luma

Parmi les plantes invasives identifiées dans ces zones humides, les baccharis sont arrachés par centaines chaque année.
Baccarrache : outil inventé par une association bretonne pour arracher les baccharis
Cet arbuste, importé d'Amérique du Nord pour fleurir nos jardins, prolifère et détruit les marais et roselières, habitats de nombreuses espèces protégées.
Cistude d'Europe
Libellules
Héron pourpré
Butor étoilé

On a fait sécher les branches, et maintenant, on les effeuille et on les broie.
On en a déjà broyé 600 kg.
Jérôme Pourchier, encadrant d'une équipe de salariés en insertion
C'est intéressant de savoir qu'on peut faire de la teinture avec les feuilles, et fabriquer des objets avec le bois...
Sinon on pourrait se demander à quoi ça sert d'arracher tout ça !
Passez à l'atelier la semaine prochaine !

On veut que les gens qui arrachent soient impliqués dans le processus de transformation.
Ça donne du sens à une tâche assez ingrate et sans fin.
Baccharis

Arles, Atelier Luma

L'atelier Luma a recensé toutes les plantes invasives de Camargue, des Calanques et des Cévennes, explorant à chaque fois leurs propriétés et leurs usages potentiels :

le rumex
et ses pigments
RUMEX
teinture
l'agave et ses fibres textiles,
l'oponce stricte et sa pulpe collante...

On veut rester sur de petits projets locaux.
Pas question de créer un nouveau marché lucratif, puisque c'est une ressource vouée à être régulée, voire éliminée !
Autre limite, ces plantes ont été introduites sans les savoir-faire et les techniques qui accompagnent leur usage dans leurs pays d'origine.
L'agave, exploitée de manière artisanale au Mexique, est difficile à transformer en Europe car nous n'avons pas les machines pour en extraire la fibre.

1. « À CANET-EN-ROUSSILLON, LE CRABE BLEU A RÉDUIT À NÉANT LA PÊCHE AUX ANGUILLES », ANNE DEVAILLY, LE MONDE, 19 SEPTEMBRE 2022.

Manger, transformer, créer... Ces usages permettraient de s'approprier localement certaines de ces nouvelles espèces, et de les réguler sur un registre plus créatif.
Nouvelles opportunités ?
Championnes de la survie dans des écosystèmes perturbés ?
Dangers pour la biodiversité, pour nos activités, pour notre santé ?
Les espèces exotiques envahissantes sont tour à tour tout cela.
Jamais invasives par essence, elles le deviennent un temps, au hasard d'une rencontre avec un nouveau milieu, quand les espèces avec lesquelles elles cohabitent n'opposent plus de limite à leur expansion.
Quant à leur exotisme, à quoi tient-il encore, quand la mondialisation accélérée brasse les êtres en tous sens et se joue des frontières naturelles ?
Insaisissables, elles sont les visages d'un monde vivant hybride et bouleversé.

LES TÊTES D'AFFICHE

Qu'ont en commun un diptère sud-asiatique vecteur de maladies, un poisson glouton et une larve de papillon adepte de la queue leuleu ? Tous ont colonisé la France en quelques décennies, avec des effets divers sur sa faune et sa flore.

MOUSTIQUE-TIGRE

Venu d'Asie, cet envahisseur a conquis toute la planète, sauf l'Antarctique. Arrivé en France en 2004, il est présent dans 71 départements. De ses propres ailes, ce moustique ne parcourt que 150 mètres au cours de sa vie. C'est compter sans les humains, camions ou avions sur lesquels il embarque. Il peut transmettre des virus, comme celui de la dengue.

PERRUCHE À COLLIER

Taches fluo dans les feuillages d'Île-de-France, ces volatiles descendent de spécimens venus d'Inde ou d'Afrique subsaharienne. Destinés aux animaleries, ils se sont échappés des aéroports d'Orly et de Roissy. En dépit de ses cris stridents, l'oiseau entre peu en compétition avec d'autres espèces. *« Une pie comme les autres ! »* juge le CNRS.

SILURE GLANE

Le colosse — il peut faire 3 mètres, 270 kilos —, originaire du Danube, aurait débarqué dans le Doubs vers 1850. Mais son expansion remonte à cent ans plus tard, quand il est introduit pour la pêche de loisir. Sa propagation inquiète. Aucune régression massive des autres poissons n'est à déplorer, mais ceux déjà affectés par la surpêche sont à la merci de son appétit.

Chenille processionnaire

Originaire d'Europe, cette larve de papillon qui se déplace en file indienne ne coche pas la case « exotique », mais elle est bel et bien envahissante. Depuis les années 1960, elle n'a cessé de se répandre en France, remontant vers le nord sous l'effet du réchauffement climatique. De quoi transformer les balades en cauchemars : ses poils en suspension provoquent des réactions allergiques de la peau, des yeux ou respiratoires. Les animaux s'exposent à des nécroses à leur contact. Le lépidoptère s'attaque aussi aux arbres, surtout aux pins. Les collectivités sortent le grand jeu contre l'ennemi. Pièges à phéromones pour neutraliser les mâles, brûlage des nids... L'arme la plus écolo reste le nichoir à mésange, l'un de ses rares prédateurs.

© FRANK SOMMARIVA / GETTY IMAGES

Importée d'Amérique, le lupin à folioles nombreuses figure sur la liste noire suisse des espèces envahissantes.

Frelon asiatique

Aussi appelé frelon à pattes jaunes pour le distinguer de son cousin européen, l'insecte volant aurait débarqué dans le Lot-et-Garonne au début des années 2000, planqué dans des poteries importées de Chine. Couvert d'un duvet brun rehaussé de stries orangées, il a conquis l'ensemble de la France et de ses voisins, non sans semer la terreur. Ses piqûres peuvent provoquer des réactions graves, mais *Vespa velutina* attaque peu les humains. En revanche, il contribue à décimer les colonies d'abeilles. Pour nourrir ses larves, le frelon rapte les butineuses à la sortie de la ruche et se nourrit aussi d'autres pollinisateurs. Il fait l'objet de mesures de surveillance et de destruction des nids.

Making-of

« Au fil de cette enquête, les espèces exotiques envahissantes m'ont paru de plus en plus insaisissables, étrange catégorie aux multiples facettes, chahutée par les débats scientifiques, chargée de représentations morales et culturelles. C'est en lisant, plus tard, **L'Inexploré,** ***dernier essai de Baptiste Morizot, que j'ai trouvé une clé pour les penser. Le philosophe esquisse une carte, celle des formes de vie transformées par le contact avec les activités humaines. Les EEE*** **"reprennent la main"** ***et écrivent, malgré tout et parmi nous, leur propre histoire. »*** **Angela Bolis**

À lire

Étonnants envahisseurs, ces espèces venues d'ailleurs, **de Vincent Albouy. Une plongée très accessible avec un entomologiste dans l'écologie des invasions.**
Éd. Quæ (2017).

Texte **Alexia Eychenne, Amélie Mougey**
Dessin **Marion Piffaretti**

ÉCOLOGIE

L'EFFET DOMINO

Trottinettes électriques. Depuis 2018, les engins en libre-service sèment le chaos sur les trottoirs et dans les rues des grandes villes. Au point qu'à Paris ces gadgets éphémères pour cadres pressés n'ont plus droit de cité.

CÉCILE CAZENAVE ÉMILIE GLEASON

EN TÉMOIGNE CETTE **QUESTION ÉCRITE AU GOUVERNEMENT** DU DÉPUTÉ DE SEINE-SAINT-DENIS BASTIEN LACHAUD (LFI), EN MARS 2019 :
ABANDONNÉS N'IMPORTE OÙ PAR LES UTILISATEURS – CETTE FACILITÉ FAISANT PARTIE DU MARKETING DE CES ENGINS – LES PIÉTONS DOIVENT LES CONTOURNER SUR DES TROTTOIRS PARFOIS DÉJÀ BIEN ÉTROITS.
CES VÉHICULES PONCTUENT L'ESPACE URBAIN D'UNE PRÉSENCE ENVAHISSANTE ET INCONTRÔLÉE.
UTILISÉS EN DEHORS DE TOUT RESPECT DU CODE DE LA ROUTE, ILS METTENT EN DANGER TANT LEURS USAGERS QUE LES PIÉTONS.
LA NUIT, UN NOUVEAU GENRE DE CHASSEUR FAIT SON APPARITION. SA MISSION : TRAQUER LES **ENGINS ABANDONNÉS** SUR LE BITUME.
LES **« JUICERS »** (DE L'ARGOT ANGLAIS « JUICE » QUI DÉSIGNE L'ÉNERGIE) SONT ALORS DES AUTO-ENTREPRENEURS. À BORD DE LEURS FOURGONS GOURMANDS EN ESSENCE, ILS RÉCUPÈRENT LES TROTTINETTES POUR LES RECHARGER CHEZ EUX.
PAYÉS À LA TROTTINETTE, ILS SE LIVRENT UNE **CONCURRENCE FÉROCE** POUR EN EMBARQUER LE PLUS POSSIBLE.
DANS LES RUES, LES ENGINS SONT SOUVENT MALTRAITÉS, ON EN REPÊCHE MÊME PAR DIZAINES DANS LES CANAUX DES VILLES.
AUX ÉTATS-UNIS, UNE ÉTUDE ESTIME LA DURÉE DE VIE DE L'ENGIN PARTAGÉ À SEULEMENT **VINGT-HUIT JOURS***.
* DONNÉES PUBLIQUES DE LOUISVILLE, DANS LE KENTUCKY.

EN JUIN 2019, LA MAIRE DE PARIS, ANNE HIDALGO, DÉCLARE **LA GUERRE** À « L'ANARCHIE DES TROTTINETTES ».
LE 5 DÉCEMBRE, LE GROUPE DE DÉSOBÉISSANCE CIVILE EXTINCTION REBELLION REVENDIQUE LE **SABOTAGE** DE 3 600 TROTTINETTES ÉLECTRIQUES À PARIS, LYON ET BORDEAUX, DÉNONÇANT LE « DÉSASTRE ÉCOLOGIQUE ET SOCIAL » DE CES « JOUETS DES CAPITALISTES VERTS ».
PUIS LA TROTTINETTE RENTRE EN PARTIE DANS LE RANG. FIN 2022 À PARIS, 15 000 VÉHICULES MAXIMUM GÉRÉS PAR TROIS OPÉRATEURS SONT RANGÉS SUR QUELQUE 2 500 EMPLACEMENTS. LA VITESSE AUTORISÉE EST LIMITÉE À 10 KM/H. CONSIDÉRÉES COMME DES « ENGINS DE DÉPLACEMENT PERSONNEL MOTORISÉS », LES TROTTINETTES SONT ALORS SOUMISES AU **CODE DE LA ROUTE**.
LEURS EXPLOITANTS JURENT D'AVOIR SALARIÉ LES MANUTENTIONNAIRES ; DE RÉPARER LES ENGINS POUR LES FAIRE DURER ; DE LES EMBARQUER EN VÉHICULE ÉLECTRIQUE… BREF, D'**AMÉLIORER** FORTEMENT LEUR BILAN SOCIAL ET ENVIRONNEMENTAL.
MAIS À PARIS, CETTE PERSPECTIVE DE TRANSITION NE CONVAINC PAS. FACE À L'AUGMENTATION DU NOMBRE D'ACCIDENTS DE TROTTINETTES, LA MUNICIPALITÉ PROPOSE UN **RÉFÉRENDUM**. 89 % DES VOTANTS SE PRONONCENT POUR LEUR INTERDICTION. LE CONTRAT DES OPÉRATEURS S'ARRÊTE LE 31 AOÛT 2023.
€€€€

L'UTILISATEUR EST TRÈS SOUVENT UN **HOMME**, **CADRE**, D'ÂGE MOYEN, QUI VEUT GAGNER DU TEMPS POUR SE RENDRE À SON TRAVAIL.
SAUVE-T-IL LA PLANÈTE AU GUIDON DE SA TROTTINETTE ?
L'ÉTUDE LA PLUS COMPLÈTE POUR RÉPONDRE À CETTE QUESTION A ÉTÉ PRODUITE EN 2021 PAR LA CHERCHEUSE ANNE DE BORTOLI, SPÉCIALISTE DE LA MICRO-MOBILITÉ PARISIENNE.
ELLE S'INTÉRESSE ALORS AUX TROTTINETTES PARTAGÉES : ELLES GÉNÈRENT **13 000 TONNES** DE GAZ À EFFET DE SERRE PAR AN AU LIEU D'EN ÉCONOMISER.

D'ABORD PARCE QUE LES « RIDERS » DE TROTTINETTES UTILISAIENT AUPARAVANT DES **MODES DE TRANSPORT** MOINS POLLUANTS.
DEUX SUR TROIS PRENAIENT LES TRANSPORTS EN COMMUN, UN SUR QUATRE PRIVILÉGIAIT LE VÉLO OU LA MARCHE.
SEULS 7% DES KILOMÈTRES PARCOURUS EN TROTTINETTE ONT REMPLACÉ DES TRAJETS EN VOITURE OU EN TAXI.
LA CHERCHEUSE A ÉGALEMENT ANALYSÉ LE **CYCLE DE VIE** DE TOUS LES VÉHICULES DU QUOTIDIEN : MÉTAUX ET ÉNERGIE DÉPENSÉS POUR LEUR FABRICATION, UTILISATION, MAINTENANCE, RECHARGE, ET EN FIN DE VIE, DÉCHETS ET POLLUANTS GÉNÉRÉS.

RÉSULTAT : L'**EMPREINTE CARBONE** DE LA TROTTINETTE EST MOINS BONNE QUE CELLE DE LA MARCHE, DES TRANSPORTS EN COMMUN, DU VÉLO, DU SCOOTER ÉLECTRIQUE OU DU VÉLO PARTAGÉ. SA FAIBLE LONGÉVITÉ EN EST PARTICULIÈREMENT RESPONSABLE.
NÉANMOINS, SA PRATIQUE INDIVIDUELLE EST EN HAUSSE. SELON LA FÉDÉRATION DES PROFESSIONNELS DE LA MICRO-MOBILITÉ, **900 000 TROTTINETTES** ÉLECTRIQUES ONT ÉTÉ VENDUES EN FRANCE EN 2021.
« TOUT L'ENJEU EST DANS SA DURÉE DE VIE », SOULIGNE LA CHERCHEUSE. SI ON BICHONNAIT NOS TROTTINETTES PERSONNELLES POUR ATTEINDRE LES **15 000 KM**, ELLES SERAIENT AUSSI ÉCONOMES QUE LE VÉLO…
… ET ENCORE, À CONDITION DE METTRE DE CÔTÉ LA QUESTION DES **DÉCHETS NUCLÉAIRES** LIÉS À LA PRODUCTION DE L'ÉLECTRICITÉ.

LA SÉMANTIQUE C'EST ÉLASTIQUE

La négation. Indispensable à l'écrit et presque inexistant à l'oral, tel est le paradoxe du « ne », petit mot de la langue française ballotté par les siècles. Et qui donne volontiers aux non-francophones des nœuds au cerveau.

JAMES

Bon alors, mon petit bonhomme, si tu veux dire non à tout, autant savoir le faire correctement.
On va faire un peu d'Histoire pour mieux comprendre.
J'aime PAS l'Histoire !
La négation en français vient du latin, qui avait deux formes principales.
Non, qui se prononçait "none" et ne, qui se prononçait "né".
En passant au français, le "e" de ne est devenu atone et a pu s'élider sous la forme n'.
Ouais, c'est ça, élide-toi, espèce d'atone !
Hou !
Quand on ne voulait pas, on disait "je ne veux", quand on ne pouvait pas, "je ne peux", et cetera.
J'écoute PAS ! La la la la...
On disait "je n'écoute".
L'élément fondamental de la négation était donc ce ne, tout court.
Je suis désolée, mon ami, je ne veux aujourd'hui...
Qu'on emploie toujours parfois quand on veut avoir un langage soutenu.
De toute façon, je ne puis ce soir, à vrai dire...
Ce ne était cependant peu audible et pouvait ainsi créer la confusion.
J'ai dit "ayez confiance", et non "n'ayez confiance"...
Eh bien, articulez, mon vieux. Sinon, ce n'est clair...

Pour mieux distinguer forme affirmative et forme négative, la langue évolua.
Notre petit **ne** se vit adjoindre un substantif correspondant à la plus petite unité relative au verbe employé.
Certes, je me sens moins seul mais je crains le déclassement...
Le nom **pas** fut associé aux verbes de déplacement : marcher, avancer, etc.
Un petit pas pour la négation...
... un bond de géant pour le désaccord.
"Je n'avance pas" signifiait ainsi "je n'avance même d'un pas".
Cette grenouille n'avance pas...
Si on suit la logique, je dirais qu'elle n'avance saut ou bond...
Ce faisant, ce substantif changea de genre et devint un adverbe.
Recule pas !
Euh... le substantif ou l'adverbe ?
Pour les verbes "boire" ou "pleuvoir", le nom associé fut **goutte**.
Halte aux clichés !
En Bretagne, il ne pleut goutte et on ne boit goutte !
C'est dit !
Pour le verbe "manger", ce fut **mie**, qui signifiait "miette".
Tu ne manges mie ?
Ben, le seigneur ne nous laisse que des miettes...
Le fameux ruissellement, mais sec.
Pour "voir", ce fut **point**. "Je ne vois point" étant l'équivalent de "je ne vois même un point".
On dit également "je ne vois goutte", à cause de la proximité phonétique entre "voir" et "boire".
Ah... au temps pour nous...
On voulait dire qu'on ne voit goutte en Bretagne, en fait...

Enfin le mot rien servit également de négation, comme dans "je ne veux rien", ta phrase préférée...
Je préfère RIEN !
... et devint l'opposé de son sens initial quand il était substantif, puisque un "rien" désignait une chose, un bien.
Car rien... ce n'est pas rien !
Raymond Devos
Ces termes devinrent des adverbes assez interchangeables et, longtemps en ancien français, mie fut le plus employé...
J'aime MIE !
Je veux MIE !
Oh, bon sang... l'âge maudit des 2 ans...
... avant que pas prenne le dessus pour devenir la marque de négation générique.
Et pourquoi n'aurais-je mie le droit de dire "mie" ?
Haha ! "Mie", c'est so XIVe siècle, mec ! Old !
Comme ce pas se retrouvait en fin de phrase, il fut naturellement accentué.
Ça m'intéresse PAS !
Ce qui a provoqué un amoindrissement de la négation originelle, notre pauvre ne atone.
PAS
ne
Ce qui fait que les feignasses de la langue, de 2 ans et plus, oublient de le dire...
J't'aime PAS !
Ce n'est pas une vraie négation, si tu m'as bien écouté.
Je considère donc que tu m'aimes... même si c'est d'un pas.
Pfff... Ce n'est juste...

LA LOI DU PLUS FORT

MARGOT HEMMERICH
PAUL REY

« *Nous voilà au cœur d'une prison, avec des engagements qui ont été tenus.»* Ce 26 juin 2023, en visite à Marseille, Emmanuel Macron fait escale sur le chantier des «Baumettes 3». D'ici à 2025, quelque 740 places à l'ombre verront le jour dans cette extension de l'emblématique prison. Face à lui, un parterre de policiers et de gendarmes, d'enquêteurs et de douaniers, de personnel pénitentiaire. Plus de forces de l'ordre, plus de magistrats et, in fine, plus de lits derrière les barreaux : dans son discours, le chef de l'État se félicite de la potion sécuritaire administrée ces dernières années à la ville malade du trafic de drogue.

Un scandale sans fin

Qui eût cru que les Baumettes serviraient un jour de décor à un tel satisfecit ? Depuis 2012, le nom de l'établissement incarnait surtout le désastre des prisons françaises. *«WC récents mais non fixés au sol et chasse d'eau quasi inexistante», «pas de cloison d'intimité», «réfrigérateur très sale et infesté de cafards», «murs sales, dégradés», «nombreuses araignées et cloportes», «sol sale, nombreux détritus», «pas de cabine de douche ni d'eau chaude»,* égrenait, cette année-là, Jean-Marie Delarue, alors contrôleur général des lieux de privation de liberté. Son rapport reprenait ces mots accusateurs d'un détenu : *«C'est fait pour nous rendre fous.»*

Depuis, la Cour européenne des droits de l'homme (CEDH) a plusieurs fois condamné la France pour sa surpopulation carcérale et des conditions de détention inhumaines. Un scandale sans fin : la dernière condamnation date de 2020. Le 1er mai 2023, avec 73162 personnes enfermées, la France a battu un nouveau record du nombre de prisonniers. *« Plus de 49000 sont incarcérés en maison d'arrêt où la surpopulation carcérale frôle une moyenne de 143%. Plus de 2000 doivent dormir sur un matelas à même le sol »,* dénonce l'Observatoire international des prisons (OIP). *«À quoi sert d'enfermer les gens de cette manière? À part punir et se venger?* interroge, dans *Le Monde,* Dominique Simonnot, l'actuelle contrôleuse générale des lieux de privation de liberté. *Les personnes détenues vont sortir dans un état pire que lorsqu'elles sont entrées, elles n'auront rien appris, elles auront subi des violences ou en auront commis.»* L'ancienne journaliste regrette que le projet de loi d'orientation et de programmation de la justice, examiné à partir de l'été 2023, préfère construire toujours plus de places de prison plutôt qu'encourager des alternatives à l'incarcération. *«L'État abandonne totalement les fonctionnaires, les captifs et les soignants»,* assène-t-elle.

Raconter la violence

Car l'inhumanité des conditions de détention est un poison qui contamine tous ceux qui s'en approchent. *«L'état matériel, la pénurie d'activités, la violence, tout se tient»,* résumait déjà, en 2012, Jean-Marie Delarue. Dans leur étouffant huis clos, il n'est pas rare que les détenus se battent entre eux ou s'en prennent aux surveillants, lesquels cognent aussi, dans le plus grand silence. Il n'y a qu'à la barre des tribunaux, où d'anciens accusés reviennent parfois en victimes, que la chape se fissure. Pour raconter la violence du quartier disciplinaire, Laurence Delleur et Vincent Marcel, coréalisateurs de *Mitard, l'angle mort,* documentaire diffusé sur Arte, ont notamment suivi le procès de sept agents pénitentiaires jugés pour la mort par asphyxie d'un détenu. *« Si le droit n'est pas respecté en prison à l'endroit des détenus, comment leur faire comprendre qu'ils ont été condamnés, eux, pour ne pas l'avoir respecté à l'extérieur ?* questionne Laurence Delleur dans les pages de *Sud-Ouest. Ils ressortent avec la haine. »*

Pourquoi échoue-t-on à rompre ce cercle mortifère ? *« Nous regardons le monde carcéral comme les vivants regardent le monde des morts : tant qu'on n'y a pas été confronté, celui-ci n'existe pas »,* avance l'écrivaine Leïla Slimani. *M, le magazine du Monde,* l'a suivie au cours des ateliers littéraires qu'elle anime dans les prisons. Quand elle avait 20 ans, son père a été détenu dans une prison au Maroc. C'est en l'écoutant raconter *« la violence, la promiscuité, la solidarité »* de la vie à l'ombre que la lauréate du Goncourt a pris *« conscience de notre immense indifférence ».* L'enquête de Margot Hemmerich et de Paul Rey nous exhorte à ne plus détourner les yeux.

*Le prénom a été changé.

Quelques minutes plus tard
Si on te demande, tu ne vas pas à l'infirmerie.
Tu as fait un malaise et tu es tombé contre le coin de ton frigo.
16 h 18
Pousse-toi !
Il reste malgré tout des taches de sang.
16 h 45, Jimmy est sorti de sa cellule.
Maintenant tu rentres, okay ?
C'est mort ! Je veux parler à la cheffe de détention !
C'est elle qui constate les blessures et appelle le médecin.
18 heures
Que s'est-il passé ?
D'après les deux surveillants d'étage, le détenu a fait une chute après un malaise.
Au vu des blessures, ce n'est pas possible.
Je préfère vous prévenir, mon certificat médical fera état d'une agression physique.

*Incapacité totale de travail.

Le surveillant mis en cause a 28 ans.
Originaire de Mayotte, il est victime d'insultes racistes de la part de nombreux détenus.
Le visionnage des vidéos ne permet pas de savoir s'il a «juste» ouvert la porte, s'il a donné des coups, s'il a subi ou orchestré les violences.
Le lendemain des faits, au directeur de la prison :
Le détenu m'a appelé par le biais de son voyant et m'a informé qu'il n'était pas bien.
Il avait du sang sur la bouche et il y en avait un peu par terre.
Il m'a dit qu'il était tombé dans sa cellule et s'était cassé le nez.
Puis, au commissariat, le surveillant change plusieurs fois de versions.
Le détenu tapait comme à son habitude à la porte. J'ai ouvert pour lui demander ce qu'il voulait.
Là, les auxiliaires m'ont pris par surprise, ils sont entrés dans la cellule pour le frapper !
J'ai essayé de les séparer.

Je vais vous dire comment les choses se sont réellement déroulées.
Jimmy a demandé à avoir une douche.
J'ai refusé, car ce n'était pas son jour. Il m'a insulté et menacé.
Surveillant, ça suffit, il fait chier tout le monde.
Au bout d'un certain temps, je vois les trois auxi qui viennent vers moi.
Ouvrez la cellule s'il vous plaît, je vais lui mettre la pression.
Un autre, quant à lui, a caché la caméra avec une feuille.
Ils sont entrés et ont commencé à frapper.
J'ai essayé de les séparer immédiatement. Ça a duré moins d'une minute.
Je ne suis pas à l'origine de tout ça.
Mon tort a été de suivre les détenus dans leur projet.

3 mars 2021, tribunal de Vienne (Isère)
Monsieur, j'ai du mal à vous croire.
On sent quand même dans ce dossier une certaine chape.
Vos premières déclarations étaient mensongères, quel crédit vous accorder ensuite ?
L'un des trois agresseurs présumés incrimine également le surveillant, qui serait l'instigateur et l'auteur des coups.
C'est une audience à l'image du monde carcéral. C'est très difficile de savoir qui dit la vérité.
Paul Louchouarn, alors vice-procureur de la République
Ce qui a joué au tribunal, c'est le faux compte-rendu d'incident rédigé par le surveillant.
Il a essayé de se couvrir.
Avocat du détenu agressé
Les juges ne pouvaient pas laisser passer ça, il y avait la presse dans la salle, les vidéos étaient claires comme de l'eau de roche...
Des dossiers comme ça, il n'y en a pas tout le temps.

Le tribunal reconnaît les quatre prévenus coupables de violences en réunion.
Le surveillant est condamné à un an de prison ferme et ne pourra plus exercer cette profession.
Les trois détenus sont condamnés à des peines d'emprisonnement de douze à seize mois ferme, avec leur maintien en détention.
TUTUTU
POLICE
14 juin 2021
Le nouveau directeur de l'administration pénitentiaire, Laurent Ridel, annonce un « grand plan pour lutter contre les violences en prison ».
La prison ne doit pas être un lieu de violence.
C'est un lieu de droit et le premier des droits est celui à la sécurité.

Selon l'administration pénitentiaire, l'essentiel des violences en détention ont lieu entre détenus (environ 11 700 cas par an) et sur le personnel (environ 4 900 cas).
Le troisième volet des violences reste dans l'angle mort : ce sont celles commises par le personnel surveillant sur les détenus, ou entre détenus avec le concours de surveillants.

Pourtant…
« Rhône : Un surveillant pénitentiaire condamné à un an de prison avec sursis pour avoir "fracassé" la tête d'un détenu. »
20 minutes, 8 juillet 2022

La Voix du Nord, 11 mars 2021
« Mort d'un détenu à Meaux (Seine-et-Marne) : enquête ouverte pour violences par personne dépositaire de l'autorité publique. »

La Montagne, mars 2021
« Peines alourdies en appel pour les six agents reconnus coupables de violences sur un détenu, à Moulins (Allier). »
Ouest-France, avril 2020
« Normandie. Violences sur un détenu : peines aggravées pour cinq gardiens. »
Observatoire international des prisons (OIP), octobre 2021
« Violence à la prison de Saint-Étienne (Loire) : “Il s'est fait cela tout seul.” » Le surveillant a été condamné à « six mois de prison avec sursis et trois mois d'interdiction d'exercer le métier de surveillant pénitentiaire ».

Si ces histoires ont pu être médiatisées et la justice mobilisée, c'est avant tout parce que la loi du silence a été brisée et que, fait rare, des surveillants ont osé témoigner.
Ces affaires ne sont en effet que la face visible de l'iceberg.
En 2019, l'OIP publiait un rapport d'une centaine de pages intitulé « Omerta, opacité, impunité ».
Entre mi-2017 et mi-2019, l'association a reçu près de 200 appels ou courriers de détenus déclarant avoir été violentés par du personnel pénitentiaire.
Elle a tenté de réaliser une classification.

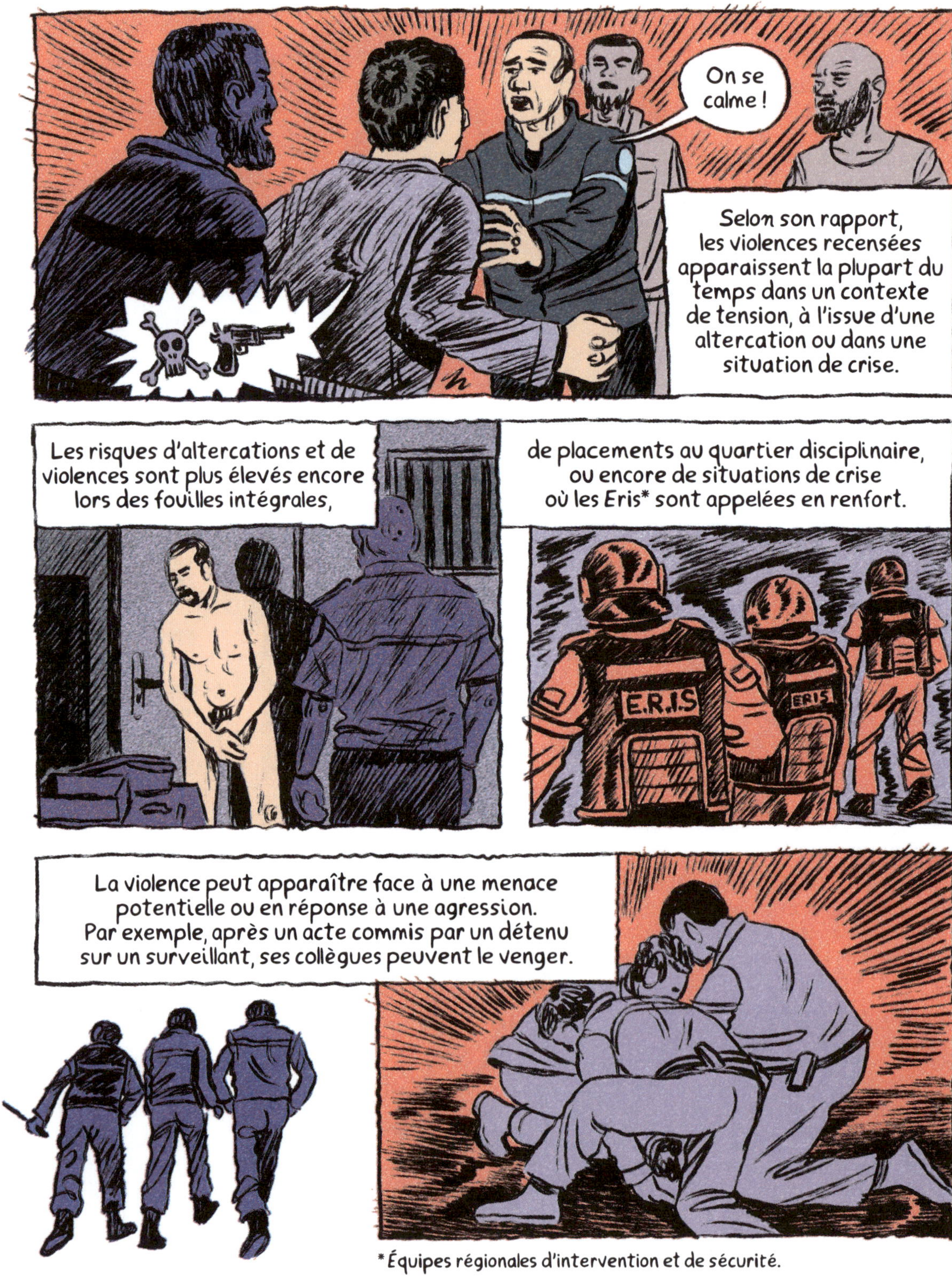

*Équipes régionales d'intervention et de sécurité.

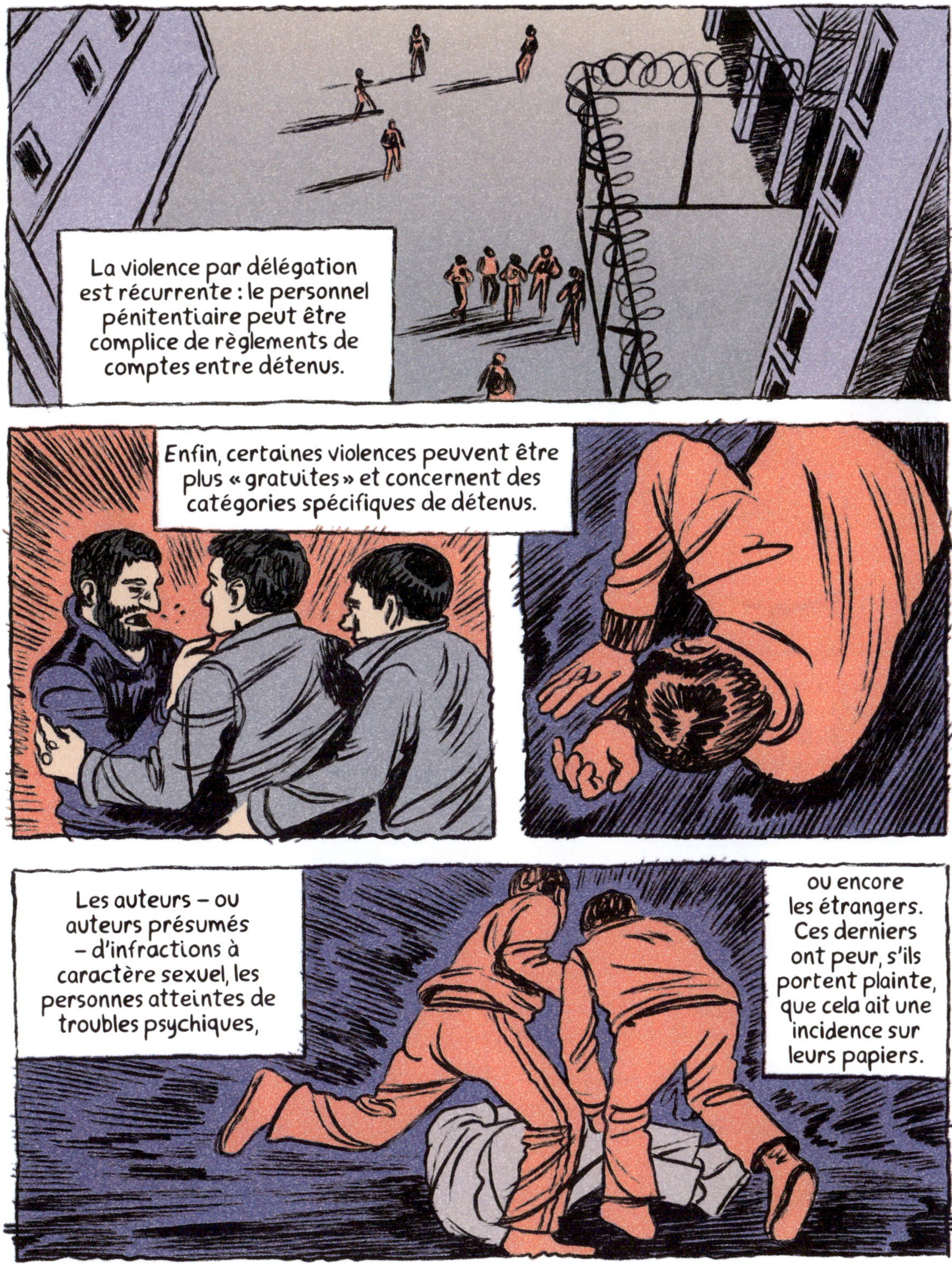
La violence par délégation est récurrente : le personnel pénitentiaire peut être complice de règlements de comptes entre détenus.
Enfin, certaines violences peuvent être plus « gratuites » et concernent des catégories spécifiques de détenus.
Les auteurs – ou auteurs présumés – d'infractions à caractère sexuel, les personnes atteintes de troubles psychiques,
ou encore les étrangers. Ces derniers ont peur, s'ils portent plainte, que cela ait une incidence sur leurs papiers.

Pourtant, rares sont les affaires qui arrivent au tribunal. Pourquoi ?
Parce que vérifier les faits est souvent mission impossible.
Parce que ces violences surviennent le plus souvent à l'abri des caméras, sans témoins.
Car ceux qui voudraient les dénoncer, qu'ils soient détenus ou agents pénitentiaires, s'exposent à des représailles.
Parce que, pour une personne détenue, porter plainte est un parcours du combattant.
Parce que saisir la justice ou les organes de contrôle est presque toujours vain.
Parce que l'institution préfère souvent fermer les yeux plutôt que se décrédibiliser.

Dans ces affaires, le frein peut venir de tous les niveaux :
de l'autocensure du détenu au manque de politique volontariste du parquet, en passant par l'esprit de corps des surveillants.
Mélanie, entrée dans la pénitentiaire en 2018
Le problème chez les surveillants, c'est que tout le monde se couvre, car ils ont tous des dossiers les uns sur les autres.
Beaucoup sont alcooliques et boivent en service de nuit, certains font du trafic de drogue, de téléphones portables...
Alors il y a ceux qui ne voient rien, ceux qui font semblant de ne rien voir.
Et ceux qui couvrent, quitte à rédiger de faux comptes-rendus.

Ce n'est pas dans notre culture professionnelle de dénoncer.
Il y a un vrai esprit de corps. Du côté de la direction, le mot d'ordre c'est de ne pas faire de vagues.
Sinon, ça veut dire qu'elle ne tient pas ses troupes.
Éric est surveillant depuis vingt ans.
Donc on va toujours gérer en interne, sauf quand il y a trop de preuves, et que l'affaire ne peut plus être étouffée.
Rouen (Seine-Maritime)
Étienne Noël, avocat spécialiste du droit pénitentiaire
L'omerta est encore plus forte que dans la police, car tout se passe à l'abri des regards.

La pénitentiaire possède son « IGPN » : l'inspection générale de la justice, chargée de réaliser des enquêtes administratives.
Il existe par ailleurs une procédure disciplinaire interne avec des sanctions allant de l'avertissement à la révocation en passant par le blâme ou la suspension temporaire.
Mais le plus fréquemment, les agents qui posent un problème sont déplacés d'un endroit à l'autre de la prison, ou d'une prison à l'autre.
Il existe une méfiance a priori de la parole du détenu. Surtout s'il s'agit de détenus « connus » pour ne pas être tranquilles en détention.

La parole des surveillants est assermentée depuis décembre 2010.
Je m'engage au respect des trois principes.
Loyauté, respect des personnes et du droit, et usage légitime des pouvoirs qui me sont confiés.
Dans ce cadre-là, comment et pourquoi croire des détenus ?
Emmanuelle Fredon, ancienne procureure du tribunal de Moulins (Allier)
Même si vous avez des témoins, ils ne veulent pas s'exprimer, de peur des représailles.
Et puis les surveillants, eux, n'aiment pas être pris en défaut.
C'est souvent parole contre parole.
Ce qui peut faire basculer un dossier, ce sont les expertises médicales.

Tribunal judiciaire de Mont-de-Marsan (Landes), novembre 2020
Avant 2012, j'étais un bon surveillant, mais ils m'ont poussé à bout !
Les détenus - ici victimes - sont menottés et escortés.
On vous reproche d'avoir attrapé deux détenus par leurs habits...
... et d'en avoir poussé un troisième violemment dans sa cellule en faisant mine de lui écraser le pied.
Oui, c'est vrai. Mais je ne savais plus comment les gérer, j'étais à bout.

Depuis 2012, les relations du surveillant de 54 ans se sont dégradées, tant avec sa hiérarchie qu'avec les détenus.
En 2017, il apporte un cochon en plastique, qui grogne quand on lui appuie dessus. Il s'en sert pour réveiller les détenus de confession musulmane.
C'était pour un détenu qui n'arrêtait pas de m'insulter.
Un matin, je l'ai réveillé avec ça.
Une pétition lancée par un détenu a pourtant rassemblé cinquante-six signatures pour dénoncer les insultes racistes « récurrentes » du surveillant.
C'est une sorte de Donald Trump des coursives.
Olivier Janson, procureur de Mont-de-Marsan
Il a une vision décalée de la réalité, la sienne, et il n'en envisage pas d'autre valable.
Le surveillant est condamné à quatre mois de prison avec sursis et à une amende de quelques centaines d'euros pour indemniser ses victimes.

Anthony Sutter, avocat d'un des détenus victimes
Dans cette affaire, ce qui a joué, c'est la présence de la pétition.
Et le fait qu'on était trois avocats à déposer une plainte directement entre les mains du procureur.
Les détenus qui font des démarches seuls pour déposer une plainte...
... autant dire que c'est soit jeté à la poubelle, soit traité dans des délais tels que le détenu a déjà changé d'établissement.
Souvent, les agents ne sont pas les premiers à porter des coups.
Par contre, ils vont provoquer les détenus.
En détention, il suffit d'une parole pour qu'un détenu pète un câble.
On ne peut pas reprocher à un détenu de ne pas être exemplaire...
En revanche, on peut le reprocher à un agent, car il est dépositaire de l'autorité publique.

Certains avocats parlent alors de « soft violences ».
Contrairement aux « hard violences », les violences physiques, les « soft violences » prennent la forme de brimades, d'humiliations, de provocations.
Des abus qui restent souvent dans un cadre légal.
Serge Jaquet a été enseignant en prison à partir de 1992 puis responsable local d'enseignement.
Il a travaillé vingt-six ans à la prison de Chambéry, en Savoie.
La pression qu'un certain nombre de surveillants mettaient autrefois physiquement sur les détenus est devenue plus psychologique, plus insidieuse.
J'ai connu des surveillants qui s'étaient fait une spécialité d'emmener des détenus au tribunal afin d'obtenir des dommages et intérêts et gagner un 13e mois.
C'est facile, il leur suffit d'appliquer le règlement à la lettre.

La douche dure sept à huit minutes. Si le détenu n'est pas sorti à temps, on menace de lui mettre un rapport d'incident.
Résultat : l'agent se fait insulter, il rédige un rapport et porte plainte au tribunal.
Les surveillants utilisent leur pouvoir pour menacer les détenus.
Pour « leur mettre la trique », comme ils disent, pour les pousser à bout et susciter des incidents.
J'ai l'impression d'être devenue pro-détenus depuis que je travaille en prison.
Mélanie, surveillante depuis 2018
Pour les priver de repas, j'ai vu des surveillants mettre de la javel dans la bouffe des détenus très médiatiques.
Comme Rachide Boubala, considéré comme l'un des détenus les plus difficiles de France.

* Cette idée est développée dans le livre *La Violence carcérale en question* des sociologues Antoinette Chauvenet, Françoise Orlic et Corinne Rostaing (Puf, 2008).

Les règles de l'institution carcérale induisent des face-à-face constants.
Dans ce contexte, toute obligation, toute contrainte, tout refus peut déclencher une altercation.
Surtout que beaucoup de choses relèvent de «l'ordre négocié».
Une partie de la gestion des coursives repose sur des procédures informelles.
C'est par exemple le fait d'octroyer une douche supplémentaire ou hors des horaires, d'autoriser un échange de nourriture ou de tabac entre détenus voisins...
Des petites choses qui, in fine, sont une forme de pouvoir et permettent d'acheter le calme.

*École nationale d'administration pénitentiaire.

1. Énap, 2023.

* Selon le code pénitentiaire, l'usage de la force par les surveillants est autorisé en cas de légitime défense, en dernier recours pour empêcher une tentative d'évasion, rétablir l'ordre ou remédier à une résistance.

Dans un contexte de surpopulation, le travail des surveillants se résume bien souvent à des tâches peu valorisantes…
… sans la contrepartie positive de participer à la mission de réinsertion.
Beaucoup n'osent pas dire où ils travaillent et enlèvent leur uniforme avant de quitter la détention.
Alors une prison sans violence est-elle seulement possible ?
Armes blanches fabriquées en cachette en prison

Pour les réformateurs, un des leviers pour réduire les situations de violence est la lutte contre la surpopulation.
ACAB
Cela implique de revoir toute la politique pénale, axée sur le maintien de l'ordre, la protection des biens matériels...
... et aujourd'hui encore centrée sur la peine de prison.
D'autres pistes sont évoquées :
Agir sur la formation et sur le recrutement.
Repenser la taille et le modèle des structures carcérales.
Créer un cercle vertueux en rendant le métier de surveillant plus attractif.

Un personnel plus nombreux et l'instauration d'espaces ouverts ou d'activités favorisent les relations apaisées.
Corinne Rostaing
En France, deux prisons « ouvertes » existent, calquées sur le modèle nordique.
À Casabianda, en Corse,
un vaste domaine agricole de 1 400 hectares sur lequel travaillent les détenus.
Et à Mauzac, en Dordogne, pour des condamnés à de longues peines.
Elles ne concernent que quelques centaines des 70 000 détenus français.

Ce modèle comporte sa part d'effets pervers.
En séparant ceux qui se comportent bien des détenus les plus difficiles, on rassemble les difficultés au même endroit.
En 2017, le « Livre blanc de la pénitentiaire » du gouvernement allait dans ce sens : cartographier les établissements par niveau de sécurité.
D'autres acteurs estiment que, pour abolir les violences pénitentiaires, il faut purement et simplement abolir la prison.
En tant qu'abolitionniste, j'ai pour principe de ne pas défendre les parties civiles dès lors qu'il y a un risque d'emprisonnement pour la partie en face.
Roksana Naserzadeh, avocate, coprésidente de l'association Prison Insider
Je refuse donc de défendre les personnes détenues victimes de violences.

En revanche, j'accepte la défense des agents pénitentiaires accusés de violences sur personnes détenues.
Précisément parce que je pense que la violence est systémique et que l'agent n'a pas à en être le bouc émissaire.
Étienne Noël a été l'un des premiers avocats en France à faire condamner l'administration pénitentiaire.
Son combat : faire reconnaître la responsabilité de l'institution.
Faire condamner un surveillant individuellement n'a aucun intérêt.
C'est comme condamner un flic.

L'administration pourra toujours se défendre en disant que c'est une branche pourrie...

Et ça ne remettra jamais en cause le fonctionnement du système lui-même.

GARDIENS À LA LOUPE

Fonctionnaires du ministère de la Justice, les surveillants pénitentiaires côtoient les détenus dans la promiscuité des 187 prisons de France. Un quotidien sous tension, rendu plus rude encore par la surpopulation carcérale.

43 000 agents

travaillent pour l'administration pénitentiaire, parmi lesquels 30 500 surveillants et 5 000 travailleurs sociaux.

BUDGET DE L'ADMINISTRATION PÉNITENTIAIRE

64 %

pour les missions de garde et de contrôle des personnes placées sous main de justice.

24 %

pour l'accueil et l'accompagnement des détenus.

12 %

pour le soutien et la formation du personnel.

PLEIN À CRAQUER

Au 1er mai 2023, 73 162 personnes étaient incarcérées en France, soit plus de 15 500 détenus en trop par rapport au nombre de places disponibles. Un record.

CHAIR À MATONS

292 élèves se formaient à devenir surveillants de prison en février 2023.

Âge moyen : 28,7 ans

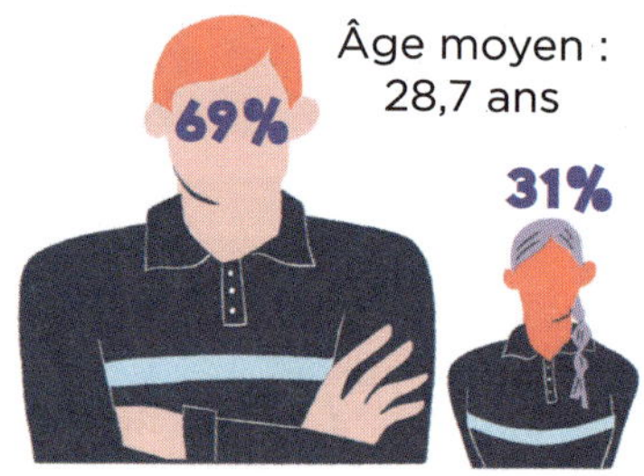

1800 €

C'est le salaire net, hors primes, d'un gardien en début de carrière.

LES ÉLÈVES SURVEILLANTS À L'ÉTUDE

51 % sont bacheliers sans diplôme d'enseignement supérieur et 36 % ont un diplôme inférieur au baccalauréat, tandis que 13 % sont diplômés du supérieur.

SOURCES : ASSEMBLÉE NATIONALE. ENAP. OBSERVATOIRE INTERNATIONAL DES PRISONS.

PÉNITENTIAIRES OU CARCÉRALES ?
Les violences « pénitentiaires » désignent les actions commises par le personnel surveillant, ou avec son concours, contre des détenus. Les violences « carcérales » recouvrent tous les actes de violences en prison. Elles incluent aussi les violences auto-infligées.

En prison, le taux de suicide est
SIX À SEPT FOIS
plus élevé qu'à l'extérieur.

CENSURÉE, *L'ENVOLÉE*
En janvier 2023, l'administration pénitentiaire a interdit la diffusion en prison du numéro 56 de *L'Envolée*. *« La troisième censure en deux ans »* pour le journal gratuit *« qui se veut un porte-voix pour les prisonnières et prisonniers qui luttent contre le sort qui leur est fait »,* en publiant notamment des lettres de personnes incarcérées.

Texte Margot Hemmerich et Camille Drouet Chades · Dessin Malijo

MAKING-OF

« Les surveillants qui acceptent de parler sont souvent ceux qui sont ostracisés par leurs collègues ou placardisés par leur direction : victimes eux-mêmes de harcèlement ou de violences, en désaccord avec certaines pratiques, accusés d'être "pro-détenus". Si dénoncer les violences est souvent mission impossible pour les personnes incarcérées, nombre de surveillants sont aussi victimes de racisme, harcèlement, sexisme, voire de violences physiques de la part de leurs collègues. Parmi celles et ceux qui m'ont parlé, plusieurs avaient déjà porté plainte. Un autre attend la retraite pour tout raconter. »
Margot Hemmerich

À LIRE

L'Ombre du monde : une anthropologie de la condition carcérale, **de Didier Fassin. Une enquête de quatre années pour comprendre la place qu'occupe la prison dans nos sociétés et comment la banalisation de l'enfermement renforce les inégalités.**
Éd. du Seuil (2015).

À VOIR

Matons violents : la loi du silence, **de Laurence Delleur. Les représailles subies par celles et ceux qui parlent, racontées par d'anciens détenus et gardiens. Un documentaire visible sur Dailymotion.** Homemade Productions, 49 min (2016).

SPORT

MI-TEMPS

Aviron. Des rives de la Marne aux berges de la Tamise, le canot de bois né au XIXe siècle semble glisser sur l'eau sans effort. Mais sous ses airs de balade nautique, la discipline impose une maîtrise scientifique. Pour dompter la « pelle », notre dessinatrice a dû sacrément ramer.

CÉCILE DUPUIS

AU CLUB, JE REJOINS MARTIN, MON INITIATEUR DU JOUR.
ÇA, C'EST L'HILOIRE.
D'UN CÔTÉ, UNE PLUIE DE VOCABULAIRE TECHNIQUE.
ET LÀ, LA DAME DE NAGE.
DE L'AUTRE, MES YEUX D'ENFANT QUI COMPARENT CE HANGAR À UN GRAND DORTOIR.
SABLIER-PILO
ZEITOUN
LES AVIRONS (ENFIN, LES RAMES POUR LE COMMUN DES MORTELS) S'APPELLENT DES « PELLES ».
ON RÉVEILLE LES BATEAUX.

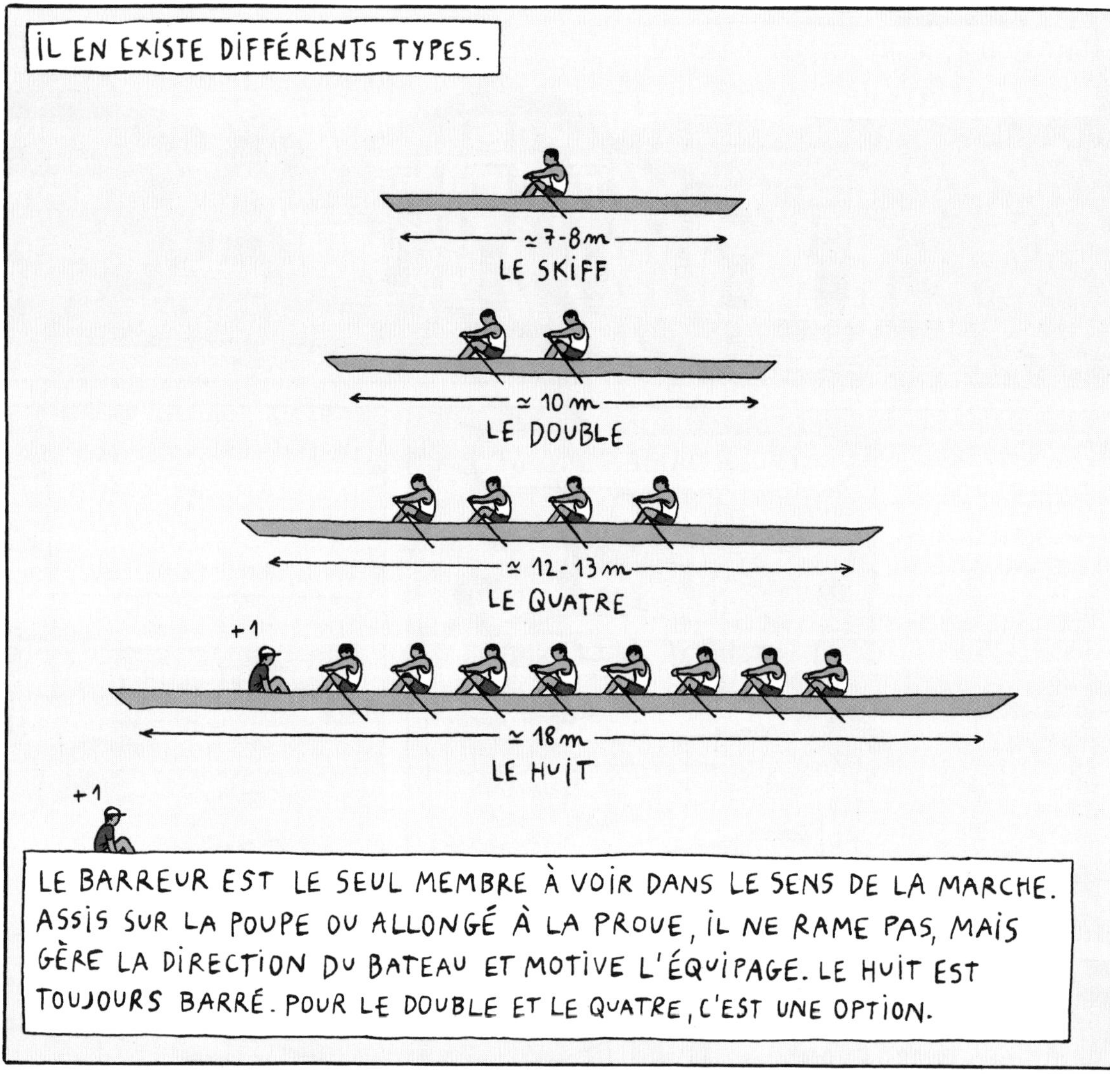
IL EN EXISTE DIFFÉRENTS TYPES.
≃ 7-8 m
LE SKIFF
≃ 10 m
LE DOUBLE
≃ 12-13 m
LE QUATRE
+1
≃ 18 m
LE HUIT
+1
LE BARREUR EST LE SEUL MEMBRE À VOIR DANS LE SENS DE LA MARCHE. ASSIS SUR LA POUPE OU ALLONGÉ À LA PROUE, IL NE RAME PAS, MAIS GÈRE LA DIRECTION DU BATEAU ET MOTIVE L'ÉQUIPAGE. LE HUIT EST TOUJOURS BARRÉ. POUR LE DOUBLE ET LE QUATRE, C'EST UNE OPTION.

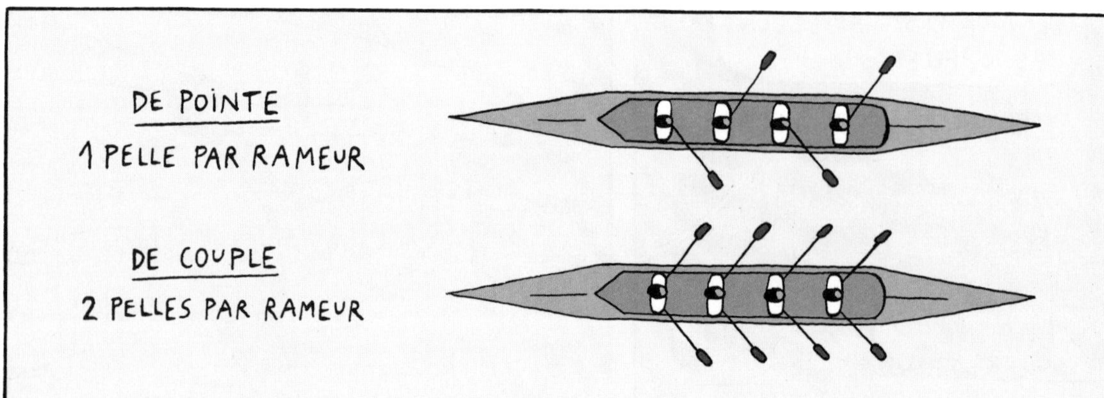
DE POINTE
1 PELLE PAR RAMEUR
DE COUPLE
2 PELLES PAR RAMEUR

ÉCHAUFFEMENT (AVEC VUE), SUR UN RAMEUR.
LA BONNE POSTURE, LES BONS MOUVEMENTS, C'EST UNE VÉRITABLE CHORÉGRAPHIE.
FSCHHHHHHH*
* Bruit d'un ventilo réglé au maximum.
JE COMMENCE DOUCEMENT JUSQU'À CE QU'UN NOUVEAU COACH ENTRE EN JEU...
OUH LÀ!
SI TU SERRES LES DENTS, CE N'EST PAS BON!
TON DOS, BIEN DROIT!
DÉTENDS-TOI!!
RELÂCHE TES POUCES!
RAMÈNE BIEN TES MAINS SUR TON VENTRE!
GAINE!
TES POUCES!
PFIOU
TU DOIS POUVOIR PARLER PENDANT QUE TU RAMES!
RÉSULTAT : JE SUIS CRAMÉE AVANT D'ALLER SUR LE BATEAU.

...ET L'AVIRON FAIT PARTIE DES JEUX OLYMPIQUES DEPUIS 1900.
BON, ON Y VA ?
NE PAS TOMBER À L'EAU, NE PAS TOMBER À L'EAU, LA HONTE, LA HOOONTE !
QUAND NOUS QUITTONS LE PONTON, QUELQU'UN ME DIT :
TU VAS VOIR, TU VAS DEVENIR ACCRO !
EUUH...
CETTE PETITE DROGUE LÉGALE, C'EST CELLE DE LA GLISSE...
MAIS DERRIÈRE UNE SIMPLICITÉ RÉPÉTITIVE SE CACHENT UNE EXIGENCE TECHNIQUE ET L'OBSESSION DU GESTE PARFAIT.
RESPIRE !

L'AVIRON,
C'EST UN PEU COMME LA VIE : ON RAME SANS VOIR OÙ L'ON VA,
AVEC TOUTE L'ÉNERGIE DU MONDE.

Chauffe qui peut

En France, le secteur du bâtiment génère près du quart des émissions de gaz à effet de serre et engloutit 43 % de l'énergie consommée. Pour atteindre son objectif de neutralité carbone en 2050, le gouvernement veut en finir avec les « passoires énergétiques », ces logements trop froids l'hiver, trop chauds l'été, en rénovant à tout-va. Mais le projet a un air de déjà-vu et accumule les embûches, alors que les ménages précaires doivent naviguer dans la jungle des subventions pour financer des travaux au coût souvent exorbitant.

LUDOVIC CLÉRIMA AUDE MASSOT

Après quelques recherches sur Leboncoin, elle trouve son bonheur en décembre 2019, dans un village de 532 habitants.
Maison à Vendre LA LANDE-D'AIROU
Informations importantes
Type de bien
Type de transaction
Surface
Maison
A vendre
109,64 m²
Localisation
Vue Mer
Nombre d'étages
Distance mer
Mitoyenneté
Services à proximité
Non
1
33 km
Indépendant
Café / Dépôt / Épicerie
Aspects financiers
Prix
40 000 EUROS
40 000 EUROS
PRIX EN BAISSE
Une maison d'une centaine de mètres carrés avec près de 9000 mètres carrés de terrain.
La bâtisse, construite en pierre, parpaing et argile, est ce que l'on appelle une passoire thermique.
Les murs et la toiture ne sont pas isolés. Au premier étage, un trou dans l'une des chambres laisse passer l'air.
Fenêtres. Portes. Installation électrique. Chaudière. Tout est à refaire.

* Selon une étude de l'Observatoire national de la rénovation énergétique (ONRE) publiée le 22 juillet 2022.

Depuis des années, les responsables politiques promettent de s'emparer de cette question.

1. « RÉNOVATION ÉNERGÉTIQUE DES LOGEMENTS : LE CRÉDIT D'IMPÔT, UNE MESURE À GRAND FRAIS QUI MANQUE SA CIBLE ENVIRONNEMENTALE », UFC-QUE CHOISIR, OCTOBRE 2015.

* Selon un rapport de la Cour des comptes publié en mars 2022.

Ce qui est sûr, c'est que les politiques publiques fonctionnent à rebours de ce que préconisent les associations :
Il y a quatre piliers à mettre en place.
Le premier, c'est de former des artisans et rendre ces métiers attractifs.
Danyel Dubreuil, coordinateur de l'initiative Rénovons au Cler-Réseau pour la transition énergétique
À cela s'ajoutent :
Un cadre réglementaire pour contraindre les propriétaires à faire des travaux.
Une communication sur les aides disponibles.
CEE
ECO-PRÊT À TAUX 0
TVA
CHÈQUE ÉNERGIE
Un accompagnement des ménages, surtout les plus précaires.

Car il n'est pas facile de se repérer dans la jungle des aides disponibles :
ECO PRÊT À TAUX 0
CEE
TVA À TAUX RÉDUIT
CHÈQUE ÉNERGIE
SUBVENTIONS LOCALES
MA PRIME RÉNOV'

L'absence de lisibilité et d'un guichet unique est un frein majeur.
Je me suis lancée dans ce projet complètement désarmée.
Estela

Entre 2019 et 2022, Estela passe la majeure partie de son temps de retraitée à remplir des formulaires, cumuler des devis et modifier ses plans de travaux pour obtenir le plus d'aides possible.
En 2020, l'Anah m'a envoyé un technicien pour un audit énergétique. Il m'a proposé trois scénarios de rénovation. Mais aucun ne prenait mes envies en compte.
On voulait me faire poser un système d'isolation par l'intérieur alors que la maison est en pierre et que je veux conserver cet aspect.
À la fin, l'enveloppe de travaux est plus chère que mes premières estimations.

* Centre de développement pour l'habitat et l'aménagement des territoires.

La Cour des comptes résumait assez bien, en octobre 2022, le chaos qui règne en matière d'aides à la rénovation énergétique :
Les efforts récents avec MaPrimeRénov' ne répondent que partiellement à la simplification souhaitée.

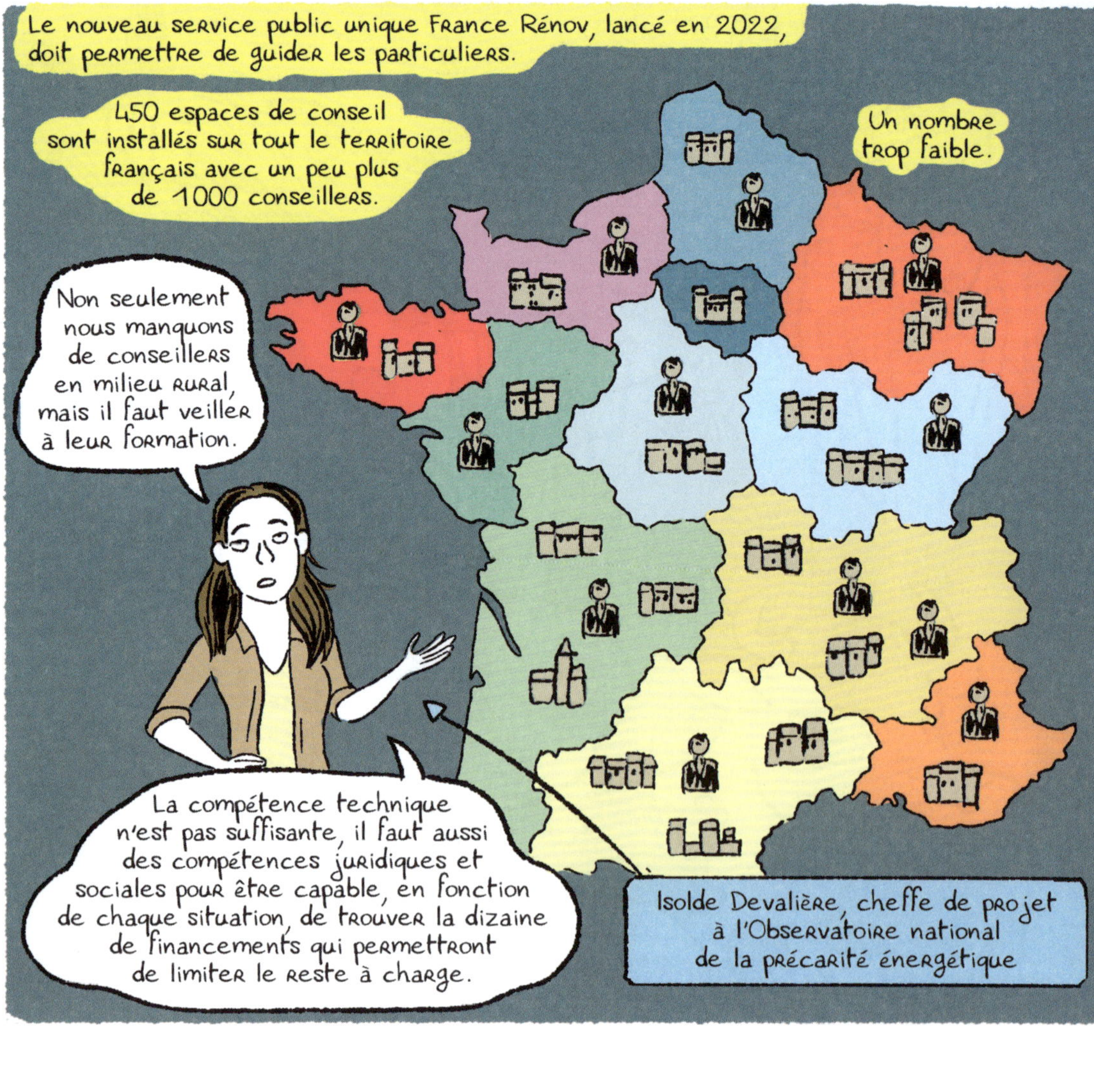
Le nouveau service public unique France Rénov, lancé en 2022, doit permettre de guider les particuliers.
450 espaces de conseil sont installés sur tout le territoire français avec un peu plus de 1000 conseillers.
Un nombre trop faible.
Non seulement nous manquons de conseillers en milieu rural, mais il faut veiller à leur formation.
La compétence technique n'est pas suffisante, il faut aussi des compétences juridiques et sociales pour être capable, en fonction de chaque situation, de trouver la dizaine de financements qui permettront de limiter le reste à charge.
Isolde Devalière, cheffe de projet à l'Observatoire national de la précarité énergétique

1. « Comité d'évaluation du plan France Relance », France Stratégie, octobre 2021.

* Sur France Culture, le 29 décembre 2022.

En l'état, MaPrimeRénov' aide surtout à remplir le carnet de commandes des artisans par le biais de travaux rapides à effectuer.

Entre 2022 et 2023, le marché de la rénovation énergétique a progressé de 1,3 % grâce au dispositif.
1,3 %

Le gouvernement y trouve également son intérêt puisqu'il peut communiquer sur des volumes de travaux importants : 751 646 rénovations de logement ont ainsi été financées en 2021.
Les particuliers, eux, peinent à trouver des professionnels compétents.

Pour accéder aux aides, il faut fournir des devis d'artisans certifiés RGE*.
Là encore, certains artisans, probablement attirés par les subventions, vous orientent vers des travaux plus chers afin de s'y retrouver.
On a essayé de me vendre un système de chauffage au sol alors que je veux un poêle bouilleur.
Un entrepreneur m'a proposé d'isoler la maison pour 80 000 euros, ce qui était totalement hors budget.
Beaucoup ne rappellent jamais car leurs carnets de commandes sont pleins.
* Reconnu garant de l'environnement.

* Selon l'Ademe

Autre source d'insécurité : des dispositifs qui ne cessent de changer.

Les copropriétés représentent pourtant un tiers des résidences principales, hors logements sociaux.

Un immeuble de Noisy-le-Grand, en Seine-Saint-Denis
Les travaux vont bon train depuis le mois de novembre 2021.
Mais le sujet anime les copropriétaires depuis 2016.
Il y a eu deux ravalements de façade refusés en assemblée générale car cela coûtait trop cher.
Certains propriétaires bloquaient systématiquement les travaux, pourtant, l'ensemble des logements était classé E.
J'ai dû faire une véritable campagne.
Les travaux ont été votés en décembre 2020.
En 2021, les enveloppes MaPrimRénov' changeaient et tout le projet tombait à l'eau.
Alexandre Sury, gestionnaire de la copropriété

Les travaux de rénovation énergétique en copropriété se votent à la majorité des voix.
DÉPART
Ce mode de décision est critiqué par certains gestionnaires.
1 PLOMBIER 50€
2
ÉLECTRICIEN 100€ 3
Relance le dé 4
RÉPARATIONS 150€ 5
Assemblée Générale 6
COUPURE DE COURANT RECULE DE 2 CASES 7
JARDINIER 8 200€
FUITE D'EAU RECULE D'UNE CASE 9
10
11
12
Loyers impayés Passe ton tour 13
TOITURE 1000€ 14
Ravalement façade Recule de 2 cases 15
Bienvenue dans la copropriété
16
MaPrimRénov' AVANCE de 1 CASE 17
18
ARRIVÉE
Ceux qui ne sont pas présents en assemblée générale et ne s'intéressent pas à la vie de l'immeuble ne devraient pas avoir la possibilité de freiner un projet de rénovation énergétique.
Or, les copropriétaires qui ne participent pas au vote peuvent faire un recours.
Karine Olivier, directrice générale du pôle services chez Nexity, promoteur et syndic de copropriétés

* Selon la fondation Abbé Pierre.

* Le locataire dispose désormais de recours juridiques s'il conteste le DPE fourni par le propriétaire.

Il faut attendre 2020 pour que l'agence immobilière fasse réaliser des études thermiques.
Des ouvriers ont dressé des constats. Et il ne s'est rien passé. Ni en 2020. Ni en 2021.
Ce n'est que lorsque Kevin menace d'entreprendre des procédures contentieuses que le gestionnaire réagit.
Au mois d'octobre 2022, ils ont réalisé des travaux pour cacher la misère.
Un coup de peinture. Une petite réglette sur les fenêtres en guise de ventilation. Le changement de quelques menuiseries.
Ça a tenu quatre semaines. Tous les artisans m'ont dit que tant qu'on n'isolerait pas l'intérieur du bien, rien ne changerait.
Avec la hausse des prix de l'énergie, le jeune homme et sa compagne limitent l'usage du chauffage.
Nous pensons sérieusement à déménager.

Depuis le 1er janvier 2022, les bailleurs s'exposent à une amende de 3 000 euros s'ils ne présentent pas de DPE à leur locataire.

Mais l'absence totale de contrôle et le rapport de force en faveur des propriétaires dans les zones tendues* limitent les recours.

* Agglomérations repertoriées dans lesquelles l'offre de logements est significativement inférieure à la demande.

1. « La rénovation énergétique chez les Français », Ipsos, février 2023.

* Le droit au logement opposable. ** Emmanuelle Wargon, en poste de juillet 2020 à mai 2022.

L'année 2021 a marqué un tournant. Lorsque j'ai vu mes factures,
j'ai tout simplement arrêté de chauffer et d'utiliser le gaz.
J'ai fait une dépression à cause du froid.
J'avais des idées noires.
J'ai même pensé au suicide.
Elle épluche alors ses factures. Malgré ses restrictions, 171 euros s'additionnent tous les mois au loyer de 446,71 euros.
Pour une pension de retraite à 1 500 euros.
J'ai reçu un chèque énergie de 100 euros l'autre jour. Ça ne paye même pas une mensualité.
FACTURE
Mais j'ai de la chance, chez ma voisine, il pleut carrément dans son lit.
Après une mise en cause sur les réseaux sociaux, le bailleur de Marie la reloge enfin en mars 2023.

* Selon le 16e baromètre du Médiateur de l'énergie, daté d'octobre 2022.

Interrogé sur la question, le cabinet du ministre de la Transition écologique rappelle que les crédits dédiés à la rénovation énergétique ont progressé de 122 % par rapport au quinquennat Hollande.
Mais dans le même temps, le gouvernement refuse d'instaurer une obligation de rénovation globale des bâtiments loués et classés passoires thermiques d'ici à 2030.
Un choix en contradiction avec l'objectif, fixé par le gouvernement, d'atteindre la neutralité carbone de son parc immobilier d'ici à 2050.
Et une proposition de la Convention citoyenne pour le climat restée lettre morte.

La Suède a pris de l'élan

Il y a déjà un demi-siècle, ce pays scandinave s'est donné pour objectif de décarboner son parc immobilier. Un pari qui semble sur le point d'être gagné.

Plus loin, plus tôt, plus fort

Très tôt, la Suède s'est fixé des ambitions élevées en matière de performance énergétique pour l'immobilier. *« Dès 1978, les normes d'isolation pour le neuf étaient très importantes, et d'ailleurs assez proches de la norme française de… 2012 »,* expliquait, en 2020, le Haut Conseil pour le climat dans son rapport *Rénover mieux : leçons d'Europe*. En 1991, la mise en place d'une taxe carbone sur les énergies fossiles, bien qu'en partie critiquée, a également aidé à disqualifier ces dernières dans la construction. Cette taxe est fixée depuis 2022 à 120 euros par tonne de CO_2 émise, ce qui en fait l'une des plus élevées du monde, contre 44,60 euros en France.

Gain d'énergie

Conséquence directe de ces politiques engagées très tôt, les logements suédois étaient, en 2017, 2,5 fois moins énergivores que les logements français, en tenant compte des différences de climat et des surfaces des habitations. En moyenne, un logement français consomme 160 kWh par mètre carré et par an, contre 60 kWh en Suède, selon les données de la base Odyssee pour la Commission européenne.

À VOIR

Rénovation énergétique : des milliards dépensés pour rien ? **de Nolwenn Le Fustec. Une enquête sur les méandres des aides d'État à la rénovation énergétique.**
France 2, Cat & Cie, 52 min (2023).

À LIRE

La réhabilitation énergétique des logements, **de Catherine Charlot-Valdieu et Philippe Outrequin. Tout comprendre sur les enjeux financiers, environnementaux et sociaux de la rénovation énergétique.**
Éd. Le Moniteur (2018).

LES FOSSILES HORS DE VUE

De 2001 à 2007, le « green tax shift » a redistribué les recettes de la taxe carbone via des réductions d'impôts et de cotisations sociales. Des exonérations de taxes ont aussi été accordées aux bioénergies. Les maisons ont ainsi profité de subventions à hauteur de 30 % du montant des travaux nécessaires à la transformation de chaudières à énergie fossile en source de chauffage à énergie renouvelable. En 2020, seulement 1 % des maisons suédoises se chauffaient encore aux énergies fossiles.

LA FRANCE NE FAIT PAS LE BOIS

« En Suède, plus de 80 % des habitations individuelles sont à ossature bois contre 10 % en France. C'est également le cas d'environ 10 à 15 % du bâti de plusieurs étages », constatait en mai 2022 Julien Grosjean, conseiller développement durable, énergie et matières premières à l'ambassade de France en Suède, dans la revue scientifique *Annales des Mines*. Utiliser le bois permet de monter des murs isolés à la fois à l'intérieur et à l'extérieur. Les bâtiments de plus de deux étages en bois sont autorisés en Suède depuis 1995.

TEXTE **LUDOVIC CLÉRIMA** · DESSIN **LAURA LION**

MAKING-OF

« En écoutant Estela me raconter ses démarches, j'avais l'impression d'entendre Astérix me parler de la maison qui rend fou. La jungle des aides à la rénovation énergétique est un monde étrange, peuplé d'acronymes (CEE, RGE, Anah…), où les particuliers sollicitent, tour à tour, des subventions auprès de l'État, de leur banque, de la municipalité ou encore des fournisseurs d'énergie. Certaines aides, comme MaPrimeRenov', se demandent uniquement en ligne, ce qui n'aide pas les personnes peu à l'aise avec le numérique. » **Ludovic Clérima**

Face B

George Clinton. Pionnier des musiques afro-américaines, l'ancien coiffeur compose à un rythme d'enfer tout au long des seventies. Bien que fragilisé par ses addictions, il enchaîne toujours les concerts, à 80 ans passés.

ARNAUD LE GOUËFFLEC · NICOLAS MOOG

SOUS-GENRE DU RYTHM AND BLUES, LE DOO-WOP EST UNE PARENTHÈSE ENCHANTÉE DANS L'HISTOIRE DE LA MUSIQUE AMÉRICAINE.

EXTRÊMEMENT POPULAIRE JUSQU'AU DÉBUT DES ANNÉES 1960, C'EST UN STYLE MUSICAL VOCAL, SOUVENT A CAPPELLA.

STYLISTIQUEMENT, ON Y RETROUVE À LA FOIS UNE VERSION PROFANE DU GOSPEL, L'ÉCHO DES CANTIQUES WASP PURITAINS, ET DES SYNCOPES AFRICAINES... SOIT UN COCKTAIL SUBTIL ET TRANSGRESSIF.

D'ABORD ESSENTIELLEMENT L'APANAGE DE CHANTEURS AFRO-AMÉRICAINS, LE DOO-WOP VA SE RÉPANDRE CHEZ LES BLANCS.

AU DÉBUT DES ANNÉES 1960, THE PARLIAMENTS PUBLIE UN CERTAIN NOMBRE DE DISQUES SUR PETITS LABELS, ET CHERCHE DÉSESPÉRÉMENT LE SUCCÈS.

RECRUTÉ PAR LA TAMLA MOTOWN COMME AUTEUR-COMPOSITEUR ET PRODUCTEUR, GEORGE CLINTON SE REND CHAQUE SEMAINE À DETROIT, OÙ LA SOUL MUSIC EST REINE.

C'EST L'ÉPOQUE OÙ ÉMERGE UN NOUVEAU GENRE MUSICAL, LE FUNK,
SYNTHÈSE GÉNIALE ET DANSANTE DE LA MUSIQUE NOIRE, DONT CLINTON VA DÉCLINER SA VERSION, CHAMARRÉE ET DÉLIRANTE.

JAMES BROWN

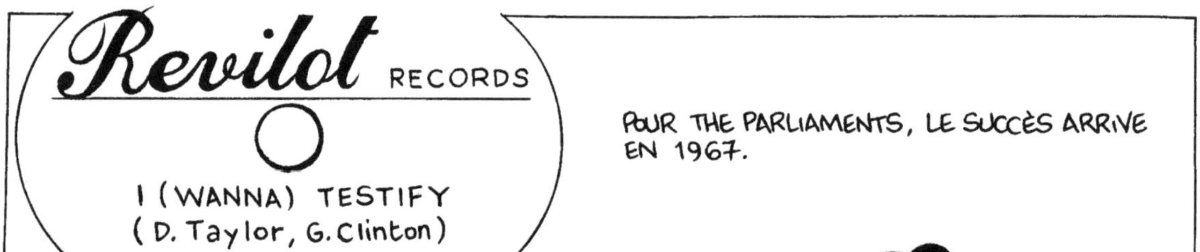

POUR THE PARLIAMENTS, LE SUCCÈS ARRIVE EN 1967.

"I (WANNA) TESTIFY" ATTEINT LA TROISIÈME PLACE DU CLASSEMENT *R&B*, ET LA VINGTIÈME DU CLASSEMENT POP.

MAIS À LA SUITE DE LA FAILLITE DU LABEL, CLINTON DOIT ABANDONNER LE NOM DE THE PARLIAMENTS.

BILLY BASS NELSON

FUNKADELIC N'EST PAS QU'UN NOUVEAU NOM. C'EST UNE RÉVOLUTION. COMME SON NOM L'INDIQUE, IL S'AGIT DE MÉLANGER FUNK ET ROCK PSYCHÉDÉLIQUE, C'EST-À-DIRE MUSIQUE NOIRE ET MUSIQUE BLANCHE.
LE GROUPE S'INSPIRE DE ROCKEURS SAUVAGES COMME LE MC5, JIMI HENDRIX, OU DE SLY STONE, PREMIER MUSICIEN FUNK À AVOIR MÉLANGÉ LES GENRES.
À TOUT CELA, GEORGE CLINTON VA APPORTER SA PERSONNALITÉ ET LE GOÛT DES MOTS TARABISCOTÉS. DANS LE MONDE DU FUNK, IL INTRODUIT L'EXUBÉRANCE, À TOUS LES NIVEAUX.
RAS-LE-BOL DES COSTARDS-CRAVATES.
LA PRISE DE DROGUE, ET NOTAMMENT DE LSD, CONTRIBUE À FAIRE SAUTER LE COUVERCLE DE LA BOÎTE DE PANDORE.
QUALIFIÉ PAR LA PRESSE DE « TEMPTATIONS SOUS ACIDE », LE GROUPE FAIT SCANDALE.
FREE YOUR ASS AND YOUR MIND WILL FOLLOW*.
* LIBÈRE TON CUL ET TON ESPRIT SUIVRA.

TOUT AU LONG DE LA DÉCENNIE SEVENTIES, LES DISQUES S'ENCHAÎNENT AVEC FRÉNÉSIE.
EDDIE HAZEL
SUR "MAGGOT BRAIN", LE SOLO DE GUITARE D'EDDIE HAZEL VIRE AU GRAND FRISSON ET ENTRE DANS L'HISTOIRE DU GENRE.
JOUE COMME SI TU VENAIS D'APPRENDRE LA MORT DE TA MÈRE.
EN 1972, IL RECRUTE UN BASSISTE VIRTUOSE CHARGÉ DU GROUPE DE JAMES BROWN, BOOTSY COLLINS, QUI SERA L'ARTISAN D'UN GROOVE IMPLACABLE.
EN 1974, CLINTON, QUI ÉCRIT DES CHANSONS POUR DIANA ROSS OU LES JACKSON FIVE, RÉCUPÈRE ENFIN L'USAGE DU NOM DE SON PREMIER GROUPE, QU'IL REBAPTISE PARLIAMENT.
IL Y A DÉSORMAIS DEUX GROUPES JUMEAUX, AVEC LES MÊMES MEMBRES, DONT LA MUSIQUE EST QUALIFIÉE DE P-FUNK.
POUR CLARIFIER LES CHOSES, PARLIAMENT EST DÉFINI COMME UN GROUPE DE PUR FUNK, AVEC CHANTS SOUL ET CUIVRES, DONT L'IMAGERIE PLONGE DANS LA SCIENCE-FICTION...
...TANDIS QUE FUNKADELIC SE VEUT PLUS EXPÉRIMENTAL ET CENTRÉ SUR LA GUITARE, SE RÉSERVANT LES PRISES DE POSITION POLITIQUES.
MÊME SI LA FRONTIÈRE ENTRE LES DEUX SE MONTRE TRÈS ÉLASTIQUE.
ON JOUE DANS QUEL GROUPE CE SOIR, DÉJÀ ?

GRAPHISME : PEDRO BELL

EN 1978, LE GROUPE EST À SON SOMMET.

FUNKADELIC TRIOMPHE AVEC « ONE NATION UNDER A GROOVE », VÉRITABLE MACHINE À DANSER, TANDIS QUE PARLIAMENT PUBLIE « FLASH LIGHT » QUI ATTEINT LA PREMIÈRE PLACE DU CLASSEMENT R&B.

SUR SCÈNE, CLINTON SORT D'UNE SOUCOUPE VOLANTE EN ALUMINIUM DE 500 KG, DESCENDUE DU PLAFOND, LA HOLY MOTHERSHIP, ACCESSOIRE SCÉNIQUE MÉGALO QUI BRILLE DE MILLE FEUX… ET A COÛTÉ UNE FORTUNE.

SON UNIVERS BARIOLÉ PREND DÉSORMAIS LA FORME D'UNE MYTHOLOGIE DÉLIRANTE, EMPRUNTANT À L'AFRO-FUTURISME (CONTRE-CULTURE NOIRE DE SCIENCE-FICTION)…

… QUI NE PEUT ÊTRE COMPARÉE QU'À CELLE DE GRANDS EXCENTRIQUES COMME SUN RA OU LEE SCRATCH PERRY.

SOUS LA MENACE

Dans son rapport 2023, qui situe la France à la 24e place mondiale en matière de liberté de la presse, Reporters sans frontières s'inquiète d'un climat de défiance croissant à l'endroit des professionnels de l'information. Ceux-ci s'exposent à des attaques physiques ou verbales, et, parmi eux, *« les journalistes environnementaux sont régulièrement intimidés »*, note l'ONG. En Bretagne, première région agricole de France, mais aussi dans le Sud-Ouest, enquêter sur l'agroindustrie devient un sacerdoce. Trois reporters indépendantes témoignent des pressions qui s'ajoutent à la précarité de leur métier.

MORGAN LARGE, INÈS LÉRAUD ET HÉLÈNE SERVEL **LAËTITIA ROUXEL**

* Le président de l'époque assure "*n'avoir jamais eu connaissance d'une quelconque intervention*". L'ancien directeur des services estime que cet appel, vieux de dix ans, est "*possible*" mais "*surprenant*". Il confirme que le reportage "*avait été peu apprécié*".
** Le directeur des services précise que "*les communiqués étaient adressés à la presse écrite et leur absence en direction de RKB n'était pas le signe d'un ostracisme*". Le président de l'époque rejette toute idée de censure.

Quatre ans plus tard
Pfff…
… ici, la qualité de l'eau c'est tabou. Il y a beaucoup d'agriculteurs au conseil municipal et ils ont tout intérêt à y être.
Salut Morgan, je viens de t'entendre sur France Culture.
C'était *Le Journal breton* d'Inès Léraud !
Tu devrais faire gaffe à ce que tu dis…
Tu veux dire quoi ? On doit faire couler le robinet d'eau tiède, sous prétexte qu'on dépend des subventions ?
Il me faut un média moins fragile…
En 2019, Morgan propose une enquête au média en ligne Reporterre.
C'est au sujet du grand plan volailles qui prévoit cent poulaillers et une entrée de la Région au capital d'un grand groupe agroalimentaire.
Il y a mise à disposition d'argent public au profit de l'industrie.
J'ai lu les 295 dépositions d'une enquête publique, elles contiennent des choses surprenantes…
Ça nous intéresse. Vous aurez fini quand ?
Pas avant fin septembre, ça demande du travail.

* Sonia Kronlund, productrice de l'émission *Les Pieds sur terre* sur France Culture.

* Mediapart, *Secret d'infos* (France Inter), et *Le Canard enchaîné*. Désormais tous consacrent une place importante aux enquêtes sur l'agroindustrie.

* Appui local qui joue le rôle d'intermédiaire, de connaisseur du terrain, éventuellement de traducteur, pour des journalistes extérieurs, souvent sur des terrains de conflit et de guerre.

Vous prenez vraiment les gens pour des cons !
Riiiiii
Est-ce que je viens chez vous, moi ? Enculés !
Mais on n'est pas chez vous !
On se barre !
... Il nous a foncé dessus avec son pick-up !
BAR LES PLATANES
Thomas, il faut qu'on trouve un médecin pour faire constater tes blessures. On arrête là pour aujourd'hui, et on va porter plainte.
Toute ma famille vit ici et certains sont dans le milieu agricole...
Je ne veux pas qu'ils aient d'ennuis.
Très bien... vous êtes trois à avoir la même version.
Vous n'êtes pas obligée de porter plainte, madame Servel. Il ne vous a pas touchée.
Fais comme tu le sens.
Je vais m'abstenir alors.
Le soir, Hélène se retrouve seule, ses coéquipiers sont repartis à Paris.
Le 7 janvier 2021, le reportage *Les Travailleurs de l'ombre* est diffusé.

* Ivan du Roy, corédacteur en chef de Basta!

Octobre 2019, festival Quai des bulles, à Saint-Malo
Tiens, un visage familier !
J'ai du courrier pour toi...
Comment ils ont eu cette adresse ?
Ça fait un an que je n'habite plus chez toi ...
Ce n'est pas vrai...
Une plainte en diffamation de Christian Buson. Il est consultant pour les industries agroalimentaires.
Je l'ai cité dans le livre.
Les actions en diffamation visent le directeur de la publication et parfois le ou la journaliste. Ici, Christian Buson n'attaque que la journaliste.
VERTES
INTERDITE
VROUUUU
CHÉRITEL
BUSON
Pendant un an et demi, Inès prépare sa défense sur les deux dossiers. Elle a donc moins de temps pour travailler, moins de revenus, et perd sa carte de presse.
CHÉRITEL
BUSON
Allô Christine, je suis attaquée en diffamation par le groupe Chéritel.
Ma pauvre...
VROUUU
Le médecin du travail et les gens de l'administration veulent rester anonymes, les dix autres témoins ont peur de perdre leur emploi...
Oh, le bordel !
Toi, tu habites loin maintenant, est-ce que tu témoignerais ?
VROUUU
Je comprends, laisse-moi y réfléchir.

*Avec les éditions Delcourt. ** Formé par les militants associatifs retraités Serge Le Quéau et Yves-Marie Le Lay.

C'EST UNE BELLE HARMONIE QUAND LE DIRE ET LE FAIRE VONT ENSEMBLE
PRESSIONS-INTIMIDATIONS FABRIQUE DU SILENCE
Solidaires
Au même moment, un rassemblement de soutien est organisé devant le tribunal de Guingamp, en Bretagne.
Le lendemain, dans les locaux de Basta!
C'était un procès bâillon. Une plainte abusive.
Je suis soulagée, ça aurait pu durer des années !
T'as vu ta fiche Wikipédia ? C'est indiqué *"Inès Léraud née le 29 mai 1981 et morte le 28 janvier 2021"*.
Le jour du procès…
On va corriger ça.
DRING
Inès, je suis Hélène Servel.
J'enquête sur l'agro-industrie comme toi et j'ai aussi pas mal de problèmes…

Et tu te sens comment ?
Je fais des insomnies, j'ai des angoisses, je n'arrive plus à travailler.
Je n'ai plus de revenus, même pas le chômage.
Je marche en montagne. Je n'arrive à faire que ça.
Je peux te mettre en contact avec la Fédération européenne des journalistes. Ils peuvent t'indemniser en urgence et t'aider à financer un suivi psy.
Moi, ils m'ont sauvée.
Pourquoi pas...
Mars 2021
"CLICK"
Tiens, Thomas, comment vas-tu ?
Pas terrible. Notre dossier a été classé sans suite, alors que la police avait l'agression en vidéo.
Vous êtes salariés chez France 2, il faut en profiter.
Appelez votre hiérarchie !

ABONNEZ-VOUS
DÈS MAINTENANT
L'INFORMATION
EN BANDE DESSINÉE
LR

1 • JE CHOISIS UNE OFFRE D'ABONNEMENT À LA REVUE DESSINÉE :

17 € PAR NUMÉRO

Durée libre

Abonnement sans engagement
(frais de port compris)

PRIX PAR NUMÉRO :
- **17 €** France + DromCom ☐
- **22 €** Europe ☐
- **27 €** Monde ☐

- Premier prélèvement dès réception du bulletin
- Arrêtez quand vous le souhaitez en écrivant à : abo@larevuedessinee.fr

Règlement par prélèvement
Bulletin dûment rempli à renvoyer à :
LA REVUE DESSINÉE TBS
SERVICE ABONNEMENT
6 RUE D'OUESSANT CS 38272
35768 SAINT-GRÉGOIRE CEDEX

JE RENSEIGNE MON MANDAT SEPA POUR L'OFFRE Durée libre :

NOM/PRÉNOM ______

IBAN ______

BIC ______

DATE ______

FAIT À ______

SIGNATURE :

Organisme créancier : FANDS, 157 boulevard MacDonald, 75019 Paris - ICS : FR60ZZZ868AAC
Les informations de ce mandat complété ne seront utilisées par le créancier que pour la gestion de sa relation client. En signant ce mandat, vous autorisez FANDS à envoyer des instructions à votre banque pour débiter votre compte conformément aux instructions. En application de l'article L27 de la loi informatique et libertés du 6 janvier 1978, les informations demandées sont nécessaires au traitement de votre abonnement. Vous disposez d'un droit d'accès et de rectification aux données vous concernant. Sauf opposition formulée par écrit, ces données sont suceptibles d'être communiquées à des organismes tiers.
☐ **Si vous ne souhaitez pas que ces données soient utilisées, cochez la case ci-contre.**

19 € PAR NUMÉRO

Un an

Quatre numéros
(frais de port compris)

- **76 €** France + DromCom ☐
- **96 €** Europe ☐
- **116 €** Monde ☐

Deux ans

Huit numéros
(frais de port compris)

- **152 €** France + DromCom ☐
- **192 €** Europe ☐
- **232 €** Monde ☐

Règlement par chèque à l'ordre de « FANDS » accompagné de ce bulletin dûment rempli à :
LA REVUE DESSINÉE TBS
SERVICE ABONNEMENT
6 RUE D'OUESSANT CS 38272
35768 SAINT-GRÉGOIRE CEDEX

2 • J'INDIQUE MES COORDONNÉES :

PRÉNOM ______

NOM ______

ADRESSE ______

______

CODE POSTAL ______ VILLE ______

PAYS ______ TÉLÉPHONE ______

E-MAIL* ______

*Indispensable pour accéder à votre compte en ligne sur le site larevuedessinee.fr

DESSIN : ANNE-HÉLÈNE DUBRAY

VOUS POUVEZ AUSSI VOUS ABONNER EN LIGNE PAR CARTE BANCAIRE
grâce au QR code ci-contre ou sur **larevuedessinee.fr**
Vous souhaitez abonner votre établissement, votre collectivité ou votre institution et régler par mandat administratif ou sur Chorus ? Rendez-vous directement sur notre boutique pour télécharger votre bon de commande.
Pour toute question, écrivez à **abo@larevuedessinee.fr**
SIRET : 825 164 148 000 33 - Siège social : FANDS, 157 boulevard MacDonald 75019 Paris

Thomas contacte la responsable sécurité de France 2, qui est une ancienne de la police.
Quinze jours plus tard, le dossier est rouvert par le procureur du tribunal de Tarascon.
Au même moment, Hélène fait un burn-out. Elle est mise en arrêt maladie pour deux mois.
18 octobre 2021, tribunal de Tarascon
Affaire Didier Cornille. Les victimes sont là ?
Même si elle n'est pas plaignante, Hélène est présente au procès.
Oui, monsieur le président.
J'ai une mauvaise nouvelle.
Je dois renvoyer la séance, M. Cornille ne se sentait pas bien ce matin .
20 décembre 2021, Didier Cornille se présente avec son avocat.
Je ne suis pas quelqu'un de violent mais j'ai été harcelé par les autorités sanitaires, la préfecture, la presse...
Entre-temps, une intersyndicale de journalistes s'est portée partie civile. Ils sont aussi à la barre.
Mon client est un travailleur et grâce à lui, on peut nourrir la France...
... et pas que les bobos parisiens qui boivent du lait de chèvre !

À l'avenir, M. Cornille, essayez de garder votre sang-froid face à la presse.
Didier Cornille sera condamné à verser 1 000 euros d'amende, des dommages et intérêts à hauteur de 1 000 euros pour le caméraman et 700 euros pour la journaliste de France 2, ainsi qu'un euro symbolique à chacun pour préjudice moral.
La société espagnole Terra Fecundis, à laquelle Didier Cornille avait recours, a par ailleurs été condamnée par la justice française à l'été 2021 dans un procès d'une ampleur historique pour fraude au travail détaché.
Elle a fait appel et continue à exercer sous le nom de Work for All.
Didier Cornille continue à embaucher et à loger des centaines de travailleurs étrangers chaque année.

* La Fédération régionale des syndicats d'exploitants agricoles de Bretagne.

** Tiré à 37 000 exemplaires, appartenant à la grosse coopérative Eureden (ex-Triskalia), Groupama et le Crédit mutuel de Bretagne.

Dimanche 6 décembre 2020
AUTONOMIE_ALIMENTAIRE_LOCALE
?!
PIOU PIOU PIOU
Maman, les chevaux étaient sortis de leur enclos... Rien n'est cassé et l'entrée était grande ouverte...
Le lendemain, à la gendarmerie de Rostrenen
... donc je voudrais déposer une main courante.
Vous pensez qu'on a ouvert vos clôtures à cause d'un film ?
En pleine nuit
Tulululululu lulu
Allô ?
Allô ?
Je n'aime pas ça, Miel...
Aboie s'il y a quelqu'un.
Janvier 2021
Il faut emmener Miel chez le véto !
Ça pourrait être un empoisonnement ?
Pas un poison habituel, en tout cas.
Elle va s'en sortir.

Tulululu lulu
OUAF OUAF
Foutez-nous la paix !
Je vais débrancher le téléphone.
Début 2021, la radio déménage.
Alan Kloareg, président de RKB
Morgan, les portes de la radio ont été forcées.
Dans les anciens ou les nouveaux locaux ?
Les deux...
J'arrive.
Maman, j'ai trouvé un truc par terre.
Merde, un boulon...
Ça vient de notre voiture...
J'ai entendu du bruit dans la nuit de samedi et la chienne a aboyé. Quelqu'un est venu...
On roule comme ça depuis quatre jours ?
À son tour, Morgan Large appelle Pavol Szalai de Reporters sans frontières.
On ne voit ce genre d'intimidations que dans les pays de l'Est, il faut déposer plainte immédiatement.

* Syndicat national des journalistes. ** France Télévisions et Grand Angle / Écrans du monde.

* Celle-ci lui sera refusée. ** Maire de Sainte-Tréphine, vice-président de la communauté de communes et président du groupe industriel Triskalia.

Deux ans plus tard, presque jour pour jour
CLACK
CLACK
CLACK
J'ai fait un aller-retour à Rennes hier, et la voiture ne faisait pas de bruit.
T'es en train de perdre ta roue, elle bouge, regarde.
Ça recommence...
C'est le garage de Rostrenen, j'appelle pour Mme Large.
Je viens de constater que sa roue a encore été déboulonnée, vous pouvez passer ?
On n'a pas de patrouille disponible, il faudra qu'elle vienne déposer plainte dans la journée.

* Marianne Kerfriden et Lucile Leclair sont journalistes indépendantes, toutes deux travaillent sur des questions agricoles. La FNSEA a porté plainte contre Marianne Kerfriden après la diffusion d'un reportage sur France 2 en 2017.

La peur est dans le pré

Les journalistes ne sont pas les seuls à faire les frais de leur remise en cause du productivisme breton. Éleveurs, militants environnementaux, lanceurs d'alerte et élus subissent aussi – souvent en silence – harcèlement, menaces et sabotages.

© GÉRARD BORVON

En 2007, les bureaux d'une ONG locale étaient tagués de menaces adressées au porte-parole des Verts en Bretagne.

« *On aura ta peau, Borvon.* » Ces menaces, taguées à Brest en 2007, visent celui qui est alors porte-parole des Verts en Bretagne, Gérard Borvon. Le quotidien régional *Ouest-France* évoque le saccage des locaux de l'ONG Eau et Rivières. L'inscription n'en est que la partie émergée. Pour son secrétaire général de l'époque, Jean-Marie Béghin, *« le forfait est signé, il s'agit clairement d'une intimidation agricole »*. La presse bretonne regorge d'exemples de menaces à l'endroit de celles et ceux qui dénoncent les pratiques du modèle agro-industriel, ses effets sur l'environnement et la santé, ou qui essaient simplement de s'en éloigner. Ainsi, deux ans plus tard, en 2009, *Ouest-France* raconte l'avis d'obsèques retrouvé dans la boîte aux lettres d'André

Ollivro. Puis les ballots de paille, le fumier, le renard mort qui apparaîtront devant son domicile. En 2021, ce chef de file du combat contre les algues vertes confiera au quotidien avoir reçu *« des kilos de lettres et de SMS d'insultes ».* Gilles Lanio, apiculteur et ex-président de l'Union nationale de l'apiculture française (Unaf), a lui fait les frais de son opposition aux épandages de néonicotinoïdes tueurs d'abeilles. Ostracisé, suivi, menacé, harcelé... son domicile et son ordinateur ont été visités, son véhicule saboté, affirme-t-il. Dénonçant un *« système mafieux »,* il finit par démissionner de son mandat.

La carotte ou le bâton

L'agriculture intensive s'est imposée en Bretagne dans les années 1960. En 2021, le secteur pesait 21 milliards d'euros en chiffre d'affaires, selon la chambre régionale d'agriculture. L'agroalimentaire emploie environ 70 000 personnes, soit plus de 40 % des emplois industriels bretons. Dans ces conditions, *« remettre en cause cette logique, même timidement, revient à blasphémer contre les dieux du productivisme »,* analyse le journaliste Nicolas Legendre. Dans *Silence dans les champs*, sept années d'enquêtes et 300 témoignages publiés en 2023 (Éd. Arthaud), le correspondant du *Monde* en Bretagne, fils de petits éleveurs laitiers, relate les pressions et l'omerta subies par celles et ceux qui ont osé se frotter aux pratiques productivistes. Il raconte, en les anonymisant, Patrice et Isabelle, *« opposés au modèle dominant »,* leur tracteur dont le liquide de frein est remplacé par du liquide de refroidissement, leurs terres grillées à l'herbicide, leurs vaches qui meurent sans raison ou qui s'échappent par des clôtures laissées ouvertes... Il évoque Jacques et les gros bras qui viennent le menacer dans l'entreprise qu'il a créée pour aider les exploitants à réduire leur consommation d'intrants, mais aussi... les offres d'emploi reçues de grosses firmes agroindustrielles *« avec des salaires mirobolants à la clé ».* Le journaliste cite encore le cas de Michel. L'éleveur dit avoir reçu des menaces de mort, des SMS par centaines, et avoir retrouvé des antibiotiques dans son lait. Des *« méthodes de barbouzes »* qui, bien souvent, ne débouchent sur aucune plainte *« par peur des représailles ».*

« Remettre en cause cette logique revient à blasphémer contre les dieux du productivisme »

Texte **Camille Drouet Chades**

Making-of

« Risquer gros pour gagner peu. Lorsqu'elles vendent leurs articles "à la pige", souvent les protagonistes de ce récit assument de lourdes responsabilités pour des revenus bien en deçà du smic. Le site Payetapige.com en donne un ordre d'idée. Moins de cent euros la semaine pour les enquêtes mentionnées ici. »
Amélie Mougey

À voir

Jeux d'influence, **de Jean-Xavier de Lestrade. Une journaliste et une activiste enquêtent sur les méfaits de géants de l'agroalimentaire. Une fiction haletante.** Arte, deux saisons (2019-2023)

À écouter

« Travailleurs détachés, les dessous d'une exploitation », **d'Hélène Servel. Ce podcast décrit les déplorables conditions de vie des travailleurs agricoles étrangers dans les Bouches-du-Rhône. Et l'omerta que tentent de faire régner ceux qui les exploitent.** Blast, deux épisodes (2023).

RETOUR SUR

AgroParisTech. Mi-2022, huit jeunes ingénieurs annonçaient renoncer aux privilèges de leur diplôme et refuser un idéal de réussite ravageur pour la planète. Cette prise de parole témoigne-t-elle d'un mouvement de fond ?

AUDREY LEBEL   SYLVAIN BORDESOULES

* Un an plus tard, elle a atteint près d'un million de vues sur YouTube.

Citation tirée de l'article : *Deux des étudiants d'AgroParisTech appelant à « déserter » des emplois « destructeurs » s'installent dans le Tarn*, France 3, 9 juin 2022.

Citations tirées de l'émission : *Que sont devenus les diplômés rebelles d'AgroParisTech ?* Le Zoom de la rédaction, France Inter, 16 novembre 2022.

* Menée sur plus de 2 000 personnes âgées de 18 à 30 ans par l'institut de sondage Harris Interactive en mars 2022. ** Selon le ministère de l'Économie, « *une entreprise qui pratique la Responsabilité sociétale des entreprises (RSE) va chercher à avoir un impact positif sur la société tout en étant économiquement viable* ».

* Citation tirée de l'émission : *Que sont devenus les diplômés rebelles d'AgroParisTech ?* Le Zoom de la rédaction, France Inter, 16 novembre 2022.

Cette année 2018 coïncide avec la grève scolaire pour le climat entamée par Greta Thunberg. Mais aussi, en France, avec la parution d'un Manifeste pour un réveil écologique :
« Nous, étudiants et jeunes diplômés, faisons le constat que nos sociétés continuent leur trajectoire vers une catastrophe environnementale et humaine (…) Nous, futurs travailleurs, sommes prêts à questionner notre zone de confort pour que la société change profondément. »

Signé par plus de 34 000 étudiants de plus de 400 établissements, ce texte fait date.
I WANT

Citations tirées de l'article : *Le compagnonnage séduit un nouveau public, plus diplômé*, de Sophie Viguier-Vinson, *Le Monde*, 28 mars 2021.

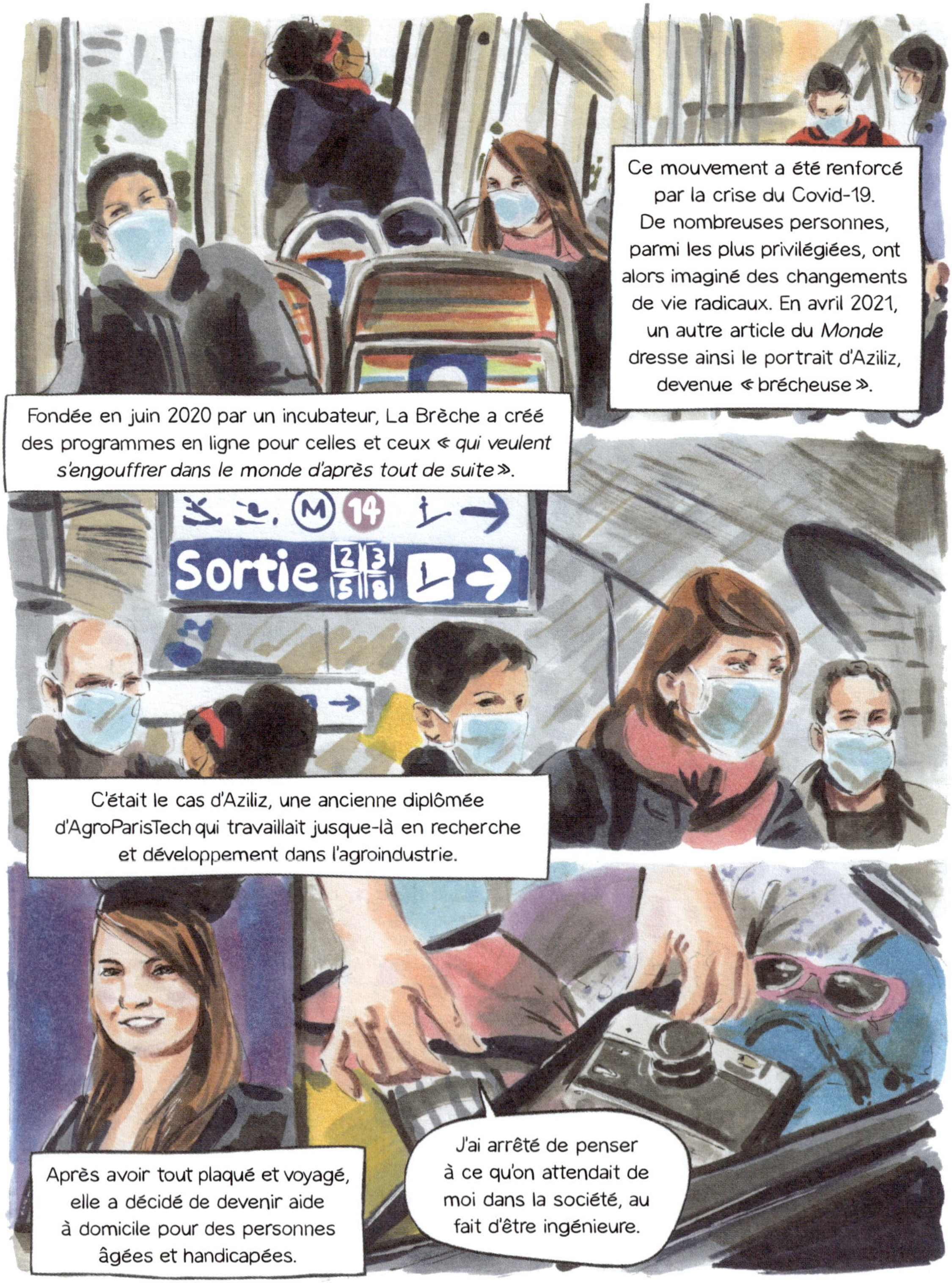

Citation tirée de l'article : « *C'est le moment ou jamais pour des changements de vie* » : *le Covid-19 pousse de jeunes diplômés à repenser leur avenir* de Léa Iribarnegaray, *Le Monde*, 6 avril 2021.

* *La grande démission : comment la désertion gagne la France,* de Gaspard d'Allens, Reporterre, 4 juillet 2022.

L'un des secteurs où le phénomène est le plus visible est sans doute la restauration.
En 2022, L'Union des métiers de l'hôtellerie (UMIH) estimait que 100 000 offres d'été n'avaient pas été pourvues.
Faute de personnel, nombreux sont les restaurateurs à devoir fermer plusieurs jours par semaine.
20 EURO
Tous secteurs confondus, le ministère du Travail a enregistré 1,6 million de démissions de CDI en 2021.

* Citation tirée de l'enquête : *La grande démission : comment la désertion gagne la France,* de Gaspard d'Allens, Reporterre, 4 juillet 2022.

NOURRIR le débat
Depuis cinq ans, **La Revue Dessinée** édite ou coédite, sous la forme d'éditions spéciales et de livres, des enquêtes au long cours en bande dessinée sur des sujets d'utilité publique.

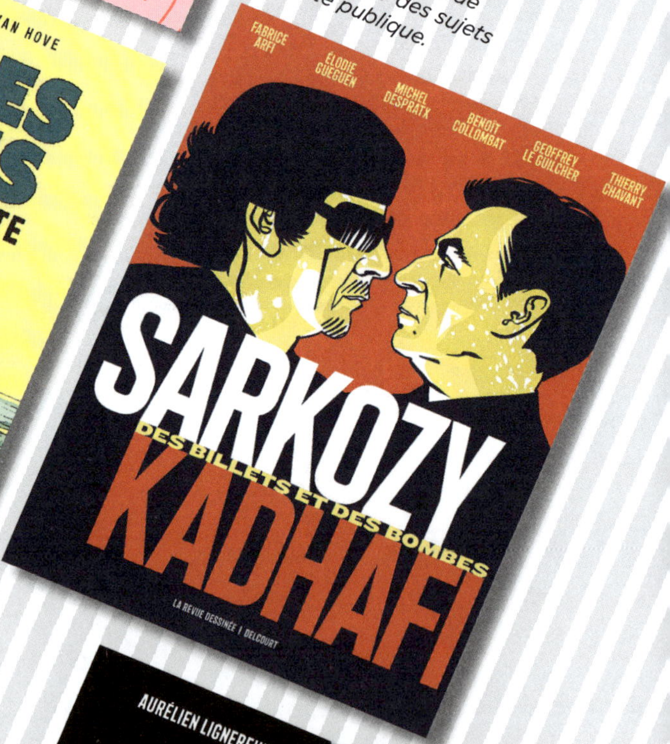

À LIRE d'urgence
Scandales d'État, enjeux environnementaux majeurs, coulisses des multinationales et de la politique, poids des lobbys... Des enquêtes édifiantes et éclairantes, à mettre entre toutes les mains.

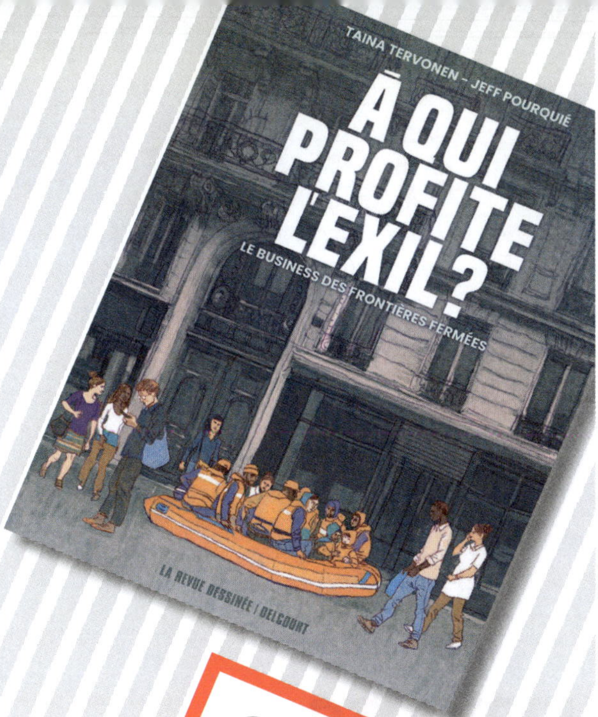

LA REVUE DESSINÉE, C'EST AUSSI DES LIVRES.

RETROUVEZ NOS ALBUMS ET NOS ÉDITIONS SPÉCIALES,
toujours en bande dessinée, chez votre libraire ou sur larevuedessinee.fr

DANS LA TOURMENTE DE LA CRISE DU PAPIER

Depuis le 1er janvier 2023, le coût d'une partie des journaux a augmenté en France. Dans les kiosques et les bureaux de tabac, ce sont vingt centimes de plus par-ci, trente par-là. S'il faut y voir un coupable : le prix du papier qui connaît une envolée inédite depuis deux ans. Un tourbillon inflationniste dans lequel *La Revue Dessinée* se trouve également emportée.

+50 %

C'est la hausse du prix du papier en France en deux ans.

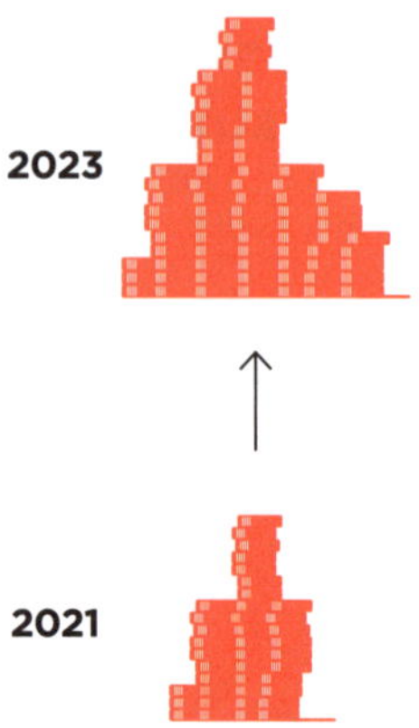

C'est le coût supplémentaire, en euros, pour les 225 000 tonnes de papier produites à destination de la presse sur papier journal chaque année en France.

30 MILLIONS D'EUROS

C'est le montant de l'aide gouvernementale accordée aux éditeurs de presse, après leur appel à l'aide au printemps 2022. *La Revue Dessinée* n'en a pas bénéficié.

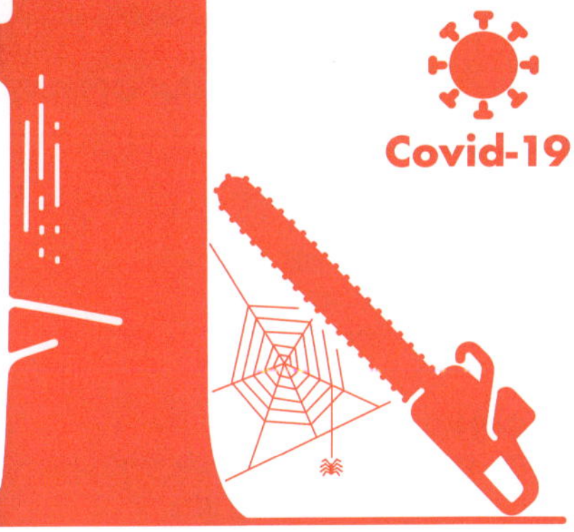

COUPE CLAIRE

Selon le journal *Le Monde*, *« avec les restrictions et les confinements liés au Covid-19, moins d'arbres ont été abattus, les usines papetières ont tourné au ralenti, ce qui a fait chuter la production de pâte à papier ».*

MATIÈRES SENSIBLES

Très énergivores, les papeteries subissent la hausse des prix de l'électricité, du gaz, et du bois liée notamment à la guerre en Ukraine.

49 421 €

Ce sont les pertes financières cumulées liées au surcoût du papier sur l'ensemble des six derniers numéros de *La Revue Dessinée*. Cela représente plus que l'ensemble des salaires des auteurs d'un numéro de notre revue.

ÇA CARTONNE

En vingt ans, l'écart entre la part de la production totale des papiers et cartons pour l'édition et celle destinée à l'emballage s'est creusé. À l'origine : le très gourmand commerce en ligne. Les papetiers se reconvertissent vers ce marché plus lucratif.

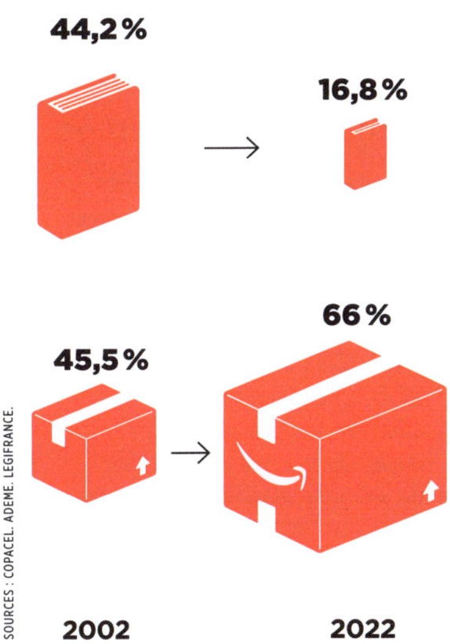

UNE REVUE À PARTS

L'impression, papier inclus, est le deuxième pôle de dépenses pour la fabrication de *La Revue Dessinée.*

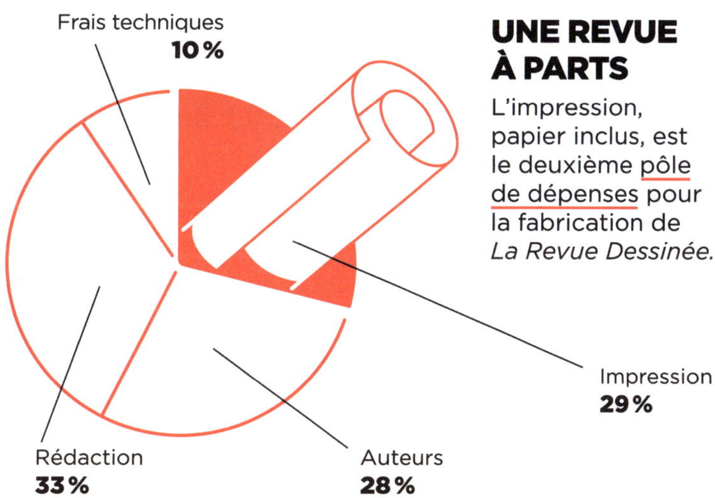

Texte Fanny Gelb
Dessin Cédric Villain

Pour soutenir l'indépendance de notre rédaction, vous pouvez vous abonner, abonner un proche et désormais faire un don à *La Revue Dessinée* !

Soutenez-nous avec un don défiscalisé.

Anne-Hélène Dubray
● COUVERTURE

Après avoir travaillé dans l'édition et l'enseignement, elle se consacre à l'illustration. Elle est autrice de quatre livres jeunesse chez L'Agrume. Elle dessine également pour la presse, la publicité et la communication.

Aurore Petit
● AU PIED DE LA LETTRE - P. 6

Diplômée des Arts déco de Strasbourg, elle a publié une vingtaine de livres illustrés, chez Les Fourmis rouges et Actes Sud Junior.

aurore.petit.dessine

Clément Pouré
▼ SURVEILLANCE AU TRAVAIL - P. 12

Journaliste spécialiste des questions de numérique et de surveillance, il travaille notamment pour Mediapart, *Le Monde* et le quotidien suisse *Le Courrier*. Il est membre du collectif Hors Cadre.

Clément Le Foll
▼ SURVEILLANCE AU TRAVAIL - P. 12

Journaliste pigiste depuis cinq ans et membre du collectif Hors Cadre, il enquête sur l'univers de la surveillance, des armes et les coulisses du monde du sport.

lefollclement

Alice Chemama
▼ SURVEILLANCE AU TRAVAIL - P. 12

Illustratrice et autrice de bande dessinée, elle a publié deux albums chez Dargaud.

alicechemama.com

Anne Simon
◆ CINÉMA - P. 38

Autrice de bande dessinée et illustratrice, elle a notamment publié la série *Les Contes du Marylène* (éd. Misma, 2012-2022) et *En âge florissant* avec Pascal Brioist (éd. La Revue Dessinée / La Découverte, 2020).

Fériel Naoura
◆ PHOTO - P. 44

Photographe, elle endosse aussi le costume d'iconographe, d'éditrice et de rédactrice. Elle collabore à la revue de photojournalisme *6Mois*.

Élisa Géhin
◆ PHOTO - P. 44

Passée par l'école Estienne et les Arts déco de Strasbourg, elle travaille pour l'édition et la presse jeunesse.

elisagehin.fr

Angela Bolis
▼ BIODIVERSITÉ - P. 46

Journaliste indépendante installée dans la Drôme, elle s'intéresse à l'environnement, et écrit pour divers médias français et suisses.

@angelabolis

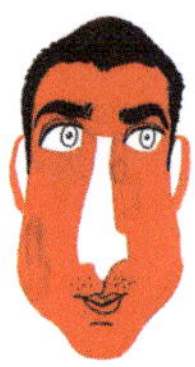

Jérémy Capanna
▼ BIODIVERSITÉ - P. 46

Il a prêté son trait à plusieurs sujets de *La Revue Dessinée*, dont « Boucan d'enfer », paru dans le numéro #39.

jeremycapanna

Cécile Cazenave
◆ ÉCOLOGIE - P. 76

Journaliste environnement, ancienne de *Terra eco* qui poursuit le boulot chez d'autres valeureux indépendants. Membre du Terrier, un collectif de créatifs bellevillois.

cecilecaz

Émilie Gleason
◆ ÉCOLOGIE - P. 76

Autrice de bande dessinée belgo-mexicaine, elle est connue pour *Ted, drôle de coco* (éd. Atrabile, 2018) et *Junk Food : les dessous d'une addiction* (éd. Casterman, 2023).

James
◆ LANGAGE - P. 82

Âge : trop. Poids : secret. Yeux : presbytie. Cheveux : de plus en plus épars. Arrivé sur le tard à la bande dessinée, il publie beaucoup depuis pour compenser.

MARGOT HEMMERICH
▼ PRISON - P. 86
Journaliste indépendante, spécialisée justice, et membre du collectif Singulier. Elle prête sa plume au *Monde diplomatique*, Médiacités ou encore *Philosophie magazine*.
@HemmerichM

PAUL REY
▼ PRISON - P. 86
Il dessine pour la presse et a cofondé Fidèle éditions, qui publie des bandes dessinées en riso. Il a sorti *Jardin d'hiver* en 2019 et *Le Syndrome de l'iceberg* en 2023, aux éditions Sarbacane.

CÉCILE DUPUIS
◆ SPORT - P. 124
Née en 1998 et diplômée de l'école Estienne, elle est illustratrice et autrice de bande dessinée. Elle publie en 2022 *L'Ombre des pins* avec Valérian Guillaume, chez Virages graphiques.
ceciledupuis_illustration

LUDOVIC CLÉRIMA
▼ ÉNERGIE - P. 130
Journaliste depuis plus de dix ans, il observe le monde d'après et se questionne sur son avenir. Ses sujets favoris : la rénovation énergétique, l'immobilier et les inégalités sociales.

AUDE MASSOT
▼ ÉNERGIE - P. 130
Diplômée de l'école Saint-Luc de Bruxelles, elle est storyboarder dans le dessin animé, à Paris. Son dernier livre, *Ouagadougou pressé*, est paru aux éditions Sarbacane en 2021.
odemasso

ARNAUD LE GOUËFFLEC
◆ MUSIQUE - P. 160
Il écrit romans, chansons et scénarios de bande dessinée, comme celui de *Tati et le Film sans fin*, avec Olivier Supiot, aux éditions Glénat (2023).
arnaudlegoueffiec.com

NICOLAS MOOG
◆ MUSIQUE - P.160
Auteur de bande dessinée, il a notamment publié *Underground*, avec Arnaud Le Gouëfflec, aux éditions Glénat (2021).

MORGAN LARGE
▼ JOURNALISTES - P. 166
Plutôt femme de radio, elle arpente la Bretagne des terres, avec une sensibilité forte pour l'agriculture et l'environnement.

INÈS LÉRAUD
▼ JOURNALISTES - P. 166
Elle travaille surtout pour France Culture. Son enquête dessinée par Pierre Van Hove, *Algues vertes, l'histoire interdite* (La Revue Dessinée / Delcourt, 2019), a été adaptée au cinéma.

HÉLÈNE SERVEL
▼ JOURNALISTES - P. 166
Journaliste indépendante, elle enquête sur des questions agricoles, migratoires, sociales.
HeleneServel

LAËTITIA ROUXEL
▼ JOURNALISTES - P. 166
Dessinatrice, elle travaille sur l'écologie et la place des femmes. Son album sur les jardins boisés sortira fin 2023 (éd. Actes Sud).

AUDREY LEBEL
◆ DROIT DE SUITE - P. 190
Journaliste indépendante au sein du collectif Les Journalopes.
Un œil sur les droits des femmes, un œil sur les pays de l'ex-URSS.
LebelAudrey

SYLVAIN BORDESOULES
◆ DROIT DE SUITE - P. 190
Sorti en 2020 de l'école de bande dessinée Cesan, il publie en mai 2023 chez Gallimard l'adaptation du roman de Simon Johannin *L'Été des charognes*.

DESSINS : HERVÉ BOURHIS ET MANON MUGNIER

numéro 41

septembre • octobre • novembre 2023

Date de parution
6 septembre 2023

Directeur de la publication
Sylvain Ricard

Rédaction en chef
Amélie Mougey
Baptiste Bouthier (adjoint)
Alexia Eychenne (adjointe)

Direction artistique
Cat Gabillon

Conception graphique
Elhadi Yazi

Conseil artistique
Thomas Cadène

Maquette graphique
Aude Choimet
Valentine Dossat

Édition
Fériel Naoura

Correction
Anne-Sophie Arnould
Isabelle Bryskier
Nicolas Fresneau

Communication
Pierre-Lou Quillard
Anna Erre (stagiaire)

Marketing
Anaïs Benguigui

Secrétaire général
Jean-Philippe Salmon

Responsable administrative
Murielle Canta

Ont collaboré à ce numéro:
Aurore Petit (Au pied de la lettre), Hervé Bourhis, Manon Mugnier (Auteurs • Autrices)

Abonnements :
abo@larevuedessinee.fr
La Revue Dessinée est éditée par LRD SAS, SAS au capital de 4668 €

Rédaction:
157, boulevard Macdonald, 75019 Paris
contact@larevuedessinee.fr

Fondateurs actionnaires:
Sylvain Ricard (président), Franck Bourgeron et David Servenay

Actionnaires: F&S, Jean-Hubert Gallouet, Patrick Goux, Nicolas Gouju, Arnaud Bertin et Emmanuel Hurault

Impression et façonnage:
Aubin imprimeur, Chemin des Deux Croix, CS 70005, 86 240 Ligué
Photogravure: Apex Graphic
Diffusion: Delsol
Distribution: Hachette
Commission paritaire: 0924 D 91934
Hachette: 6153481 **ISSN:** 2269-2606
ISBN: 978-2-3826-40173
Dépôt légal: septembre 2023

PEFC 10-31-1601
Papiers 100 % PEFC
Papier intérieur : Allemagne
Papier couverture : Italie
Taux de fibres recyclées : 0 %
Impact sur l'eau : Ptot 0,05 kg / tonne

LA REVUE DESSINÉE CONTIENT UN ENCART ABONNEMENT ET UN EX-LIBRIS (ABONNÉS).

NOS ENQUÊTES EMBLÉMATIQUES
RÉUNIES DANS UN ALBUM INÉDIT
VERTIGE
DIX ANS D'ENQUÊTES
SUR LA CRISE ÉCOLOGIQUE
ET CLIMATIQUE
LA REVUE DESSINÉE
COUVERTURE SIGNÉE JÉRÉMY CAPPANNA
24,90 € - EN LIBRAIRIE LE 27 SEPTEMBRE
DÈS MAINTENANT EN PRÉCOMMANDE

L'UPPERCUT DE THIBAUT SOULCIÉ

Ne manquez aucun dessin de la rédaction en vous abonnant à notre newsletter hebdomadaire.